歴史文化ライブラリー
226

黄金の島
ジパング伝説

宮崎正勝

目　次

人間の欲望と黄金——プロローグ

ジパングのイメージ

世界の中に日本の歴史を位置付けてみると、丹砂《たんさ》、金、銀、銅などの豊かな鉱産物こそが日本を世界と結び付ける重要な媒介だった。日本は、鉱産国だったのである。特に奈良時代から安土桃山《あづちももやま》時代までに約二五五五トンが産出されたと推定される金は、遣唐使《けんとうし》や唐《とう》や宋《そう》に派遣された留学僧が中国文化を摂取し学問を修める際の経費を賄《まかな》い、また対中国貿易の主要輸出品としての地位を占め続けてきた。そうした事実が黄金に溢れる国のイメージを商人たちに与え、中国を訪れていたイスラーム商人が想像した黄金の国ワクワク（倭国《わこく》）伝説、さらに元《げん》代に蘇《よみがえ》りマルコ・ポーロにより西欧に伝えられたジパング（日本）伝説として多くの夢を紡いできた。一六世紀に日本

図１　エジプトの金の副葬品，ツタンカーメン王の黄金のマスク
(カイロ，エジプト博物館所蔵)

が銀産国に変わった後も黄金の国のイメージは生き続け、日本近海に存在すると思われた金銀島を探索するスペイン、オランダの企《くわだ》てとして一七世紀中頃まで引き継がれた。

「輝く」黄金

ちなみに黄金は、極めて産出量の少ない金属である。目を奪う眩《まばゆ》い光沢、耐食性、精錬のしやすさ、優れた延性が黄金の需要を増加させ、供給の少なさが黄金を高価な金属にした。その輝きは神を連想させるものがあり、支配者たちは黄金を纏《まと》うことにより権威を表現した。金は光、あるいは「不死」を意味するとみなされてきたのである。英語のgoldも、「輝く」を意味するサンスクリット語を語源としている。

洋の東西を問わず、黄金は神聖な金属だったのである。古代エジプトでは神々の身体は黄金でできていると称され、黄金は不滅性のシンボルとされた。ファラオ（王）の身体も、金そのものと考えられたのである。ファラオの副葬品に黄金製品が多いのは、そのためである。『ブラフマーナ（梵書《ぼんしょ》）』が「金は不死」と記しているように、古代インドでも黄金は「不死」のシンボルとみなされた。ブッダを描いた図像には金箔《きんぱく》が張られ、仏像が黄金色に輝くことが完全な徳を体現するとみなされた。黄金の輝きこそが、仏像を聖化すると信じられたのである。遊牧スキタイ人の文化でも、新大陸のインカ文明でも黄金は聖なる存在を具現化するとみなされている。

黄金は、人間の欲望をかき立てる世俗性も合わせ持っていた。黄金はあらゆるものと交換できる貴金属として、人々を魅了したのである。黄金はステータスであり、黄金さえあれば何でも手に入る。

「黄金の国」ジパングの莫大な黄金への幻想が、コロンブスの無謀ともいえる航海を後押しし、エルドラド（黄金郷）がスペイン人の「新大陸」探検の動因になったのは有名な話である。「黄金の国」に対する強烈な「思い込み」が、人類史の新たな扉を開いたとも言える。

本書は、黄金島ジパング伝説の起源と推移、日本が銀産国に転換する中で生み出された東方近海の金銀島伝説と金銀島の探索を一貫した過程としてとらえている。特に松前《まつまえ》藩の砂金採掘によるゴールドラッシュを契機とする蝦夷地《えぞち》の金銀への期待、女真人《じょしん》の興起を受けた韃靼《だったん》に対する関心の高まりを背景とするオランダ、フリース艦隊の一六四三年の金銀島探検、蝦夷地と韃靼海の探検を取り上げ、黄金島ジパング伝説が海霧の北方海域に姿を没したことが明らかにされている。

イスラーム商人が夢想した黄金島

砂金が生み出したワクワク伝説

「黄金の国」日本

コロンブスのアジアに向かう航海に強烈なインスピレーションを与えたジパング情報は、二五年間に及ぶ東方旅行を終えて故郷ヴェネツィアに帰りついたマルコ・ポーロが、ヨーロッパにもたらしたものだった。一二九八年にジエノバとの戦いで捕虜となり獄に繋がれたマルコ・ポーロが、メモに基づいて同房の作家ルスティケルロに一気呵成《いっきかせい》に話した冒険談の中にジパングの情報も含まれていたのである。『東方見聞録《とうほうけんぶんろく》』の「黄金の島」ジパングの一節はあまりにも有名であるが、あえて引用してみると次のようになる。

チパング［日本国］は、東のかた、大陸から千五百マイルの大洋中にある、とても大きな島である。住民は皮膚の色が白く礼節の正しい優雅な偶像教徒であって、独立国をなし、自己の国王をいただいている。この国ではいたる所に黄金が見つかるものだから、国人は誰でも莫大な黄金を所有している。この国へは大陸から誰も行った者がない。商人でさえ訪れないから、豊富なこの黄金はかつて一度も国外に持ち出されなかった。右のような莫大な黄金がその国に現存するのは、全くかかってこの理由による。

引き続いてこの島国の国王が持っている一宮殿の偉観について述べてみよう。この国王の一大宮殿は、それこそ純金ずくめで出来ているのですぞ。我々ヨーロッパ人が家屋や教会堂の屋根を鉛板でふくように、この宮殿の屋根はすべて純金でふかれている。したがって、その値打ちはとても評価できるようなものではない。宮殿内にある数ある各部屋の床も、全部が指二本幅の厚さをもつ純金で敷きつめられている。このほか広間といわず窓といわず、いっさいがすべて黄金造りである。げにこの宮殿はかくも計り知れない豪奢《ごうしゃ》ぶりであるから、たとえ誰かがその正しい評価を報告しようとも、とても信用されえないに違いない。

（愛宕松男訳）

マルコ・ポーロは、地中海から黒海《こっかい》、中央アジアのルートを辿《たど》り、一二七四年の夏に元《げん》帝国の副都、上都《じょうと》（現在の内蒙古自治区ドロン・ノールの西北に位置する）に到着した。マルコはそれ以後一七年間にわたり官僚としてフビライ・ハーンに仕え、雲南《うんなん》など元帝国の各地方を巡っている。マルコ・ポーロが中国に滞在したのは、鎌倉時代中期にあたる。

マルコ・ポーロのジパング伝説は、モンゴル人がイスラーム商人に支えられて中華世界を支配した元帝国で流布されていた噂に基づいている。しかし、日本列島の情報を豊富に持つ中国社会でそうした伝説が一般的であったとする記録はない。マルコ・ポーロが多くの情報を得たのはイスラーム商人を中心とする色目人《しきもくじん》社会であり、中国につくられた異域がジパング伝説の情報源になっていたと考えるのが妥当であろう。イスラーム世界では、後述するように唐《とう》代に日本（倭国《わこく》）を「黄金の国」ワクワクとする伝説が生み出されており、それが元帝国で蘇《よみがえ》り、マルコ・ポーロにより書き留められたと考えられるのである。

唐代に遣唐使《けんとうし》の一行が生活費などに充てるために持参した膨大な量の砂金《さきん》が「黄金に満ちた島」の噂話を生み出し、その噂がイスラーム商人の間で膨らまされることで誕生したのが、「ジパング」伝説のルーツとなるワクワク（倭国）伝説である。

現代の視点に立つと、日本列島で掘り出された黄金の量が際立って多かったというわけではない。古代から現代に至るまでの間に採掘された世界の金の総量が約一〇万㌧と推定されているのに対し、日本の産金量は奈良時代から安土桃山《あづちももやま》時代までが約二五五トン、江戸時代が約一〇〇トン、明治初年から一九八〇年代末までが約一二五〇トン、合計一六〇五トンで、世界の産金量の一・六％を占めているに過ぎない。そうした事実に照らしてみると、ジパング伝説は①日本の砂金が対中国貿易に集中した、②中国の産金量が少なかった、という歴史条件が組み合わされる中で生み出された強烈なイメージ、幻影だったということになる。しかし、それは現在の視点からの客観的判断であり、当時は断片的な情報が過大な幻影を生み出し、噂となって一人歩きしたのである。

大仏を輝かせた陸奥の黄金

ジパング伝説の起源となった膨大な量の砂金は、奈良の大仏と深い関わりを持っていた。陸奥《むつ》の砂金発見の契機は、朝廷の威信をかけて建立《こんりゅう》された大仏の鍍金《ときん》だった。『続日本紀《しょくにほんぎ》』の聖武天皇の項に「天平《てんぴょう》二十一年二月丁巳、陸奥の国より始めて黄金を貢ず、是において幣を奉じ以て畿内七道諸社に告《つ》ぐ」とあるように、七四九（天平二十一）年に陸奥で最初の金が採掘された。当時の朝廷では大仏を鍍金するための大量の黄金が必要になっており、陸奥の黄金の発見は朝廷がまさに熱望していたことであった。

日本の古代史はイスラーム世界との接点を持たないが、大仏の建立は七五〇（天平勝《しょう》

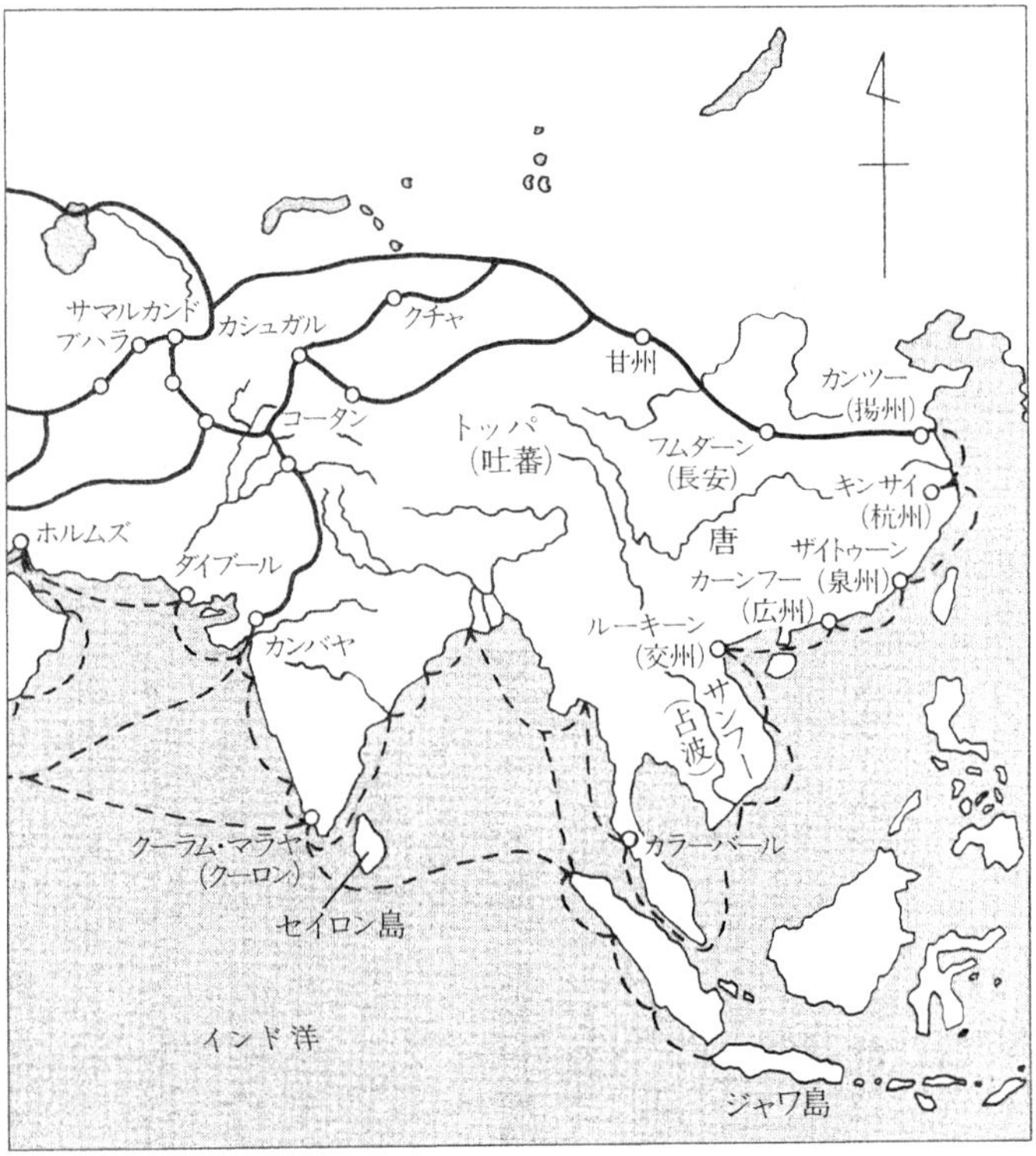

たイスラーム商人の大交易網

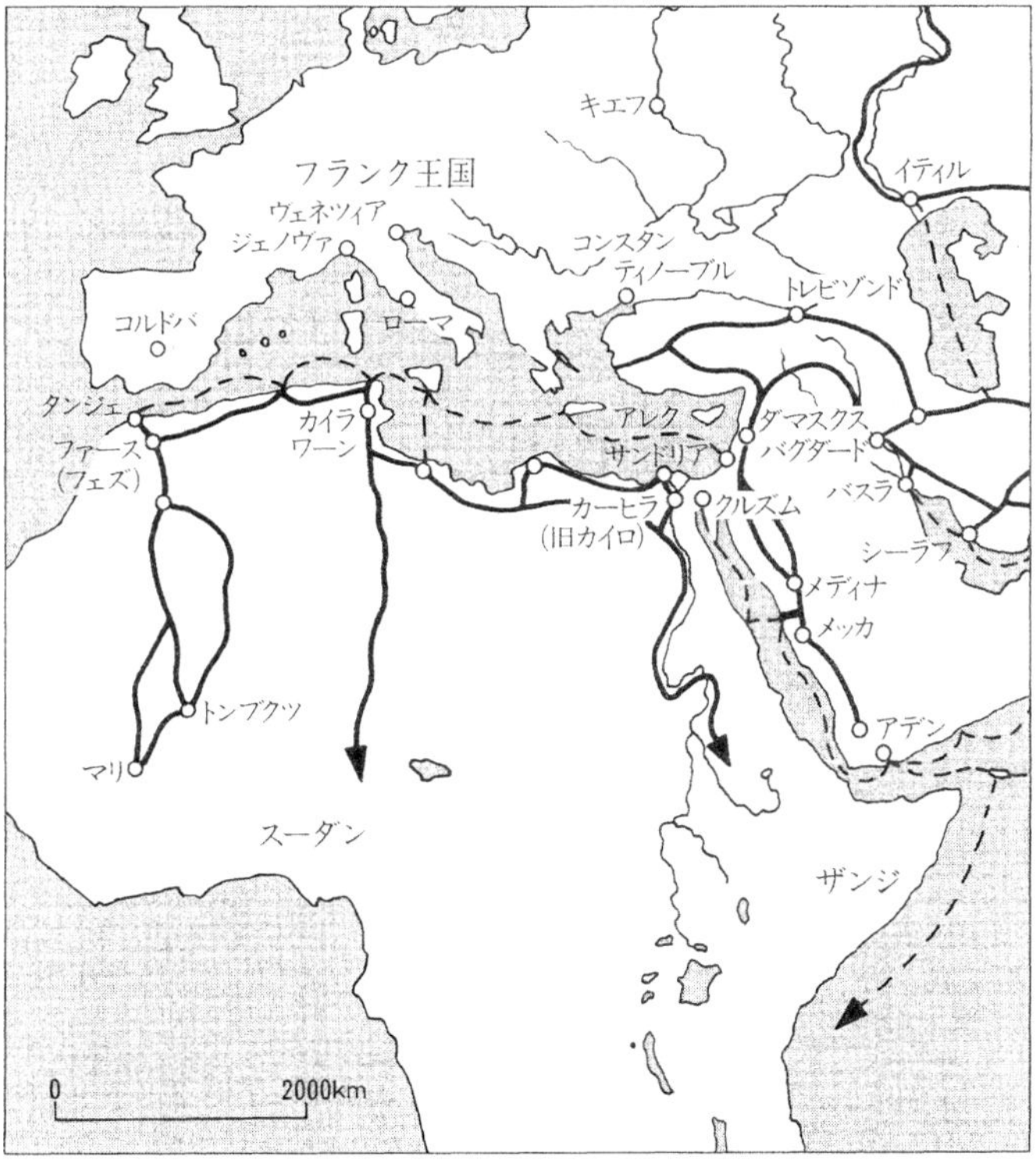

図2　ワクワク伝説を生み出し

宝《ほう》二）年にイスラーム世界にアッバース帝国が成立し、ダウという帆船に乗ったイスラーム商人がペルシア湾から中国沿海地域に至る直航航路を拓《ひら》いたイスラーム商圏の興隆期になされた。陸奥の黄金が遣唐使の一行により唐に運ばれた時期には、多くのイスラーム商人が唐の広州《こうしゅう》、揚州《ようしゅう》などに住み着き、交易に従事していたのである。そうしたイスラーム商人は遣唐使の一行が持参した大量の砂金から生まれた中国商人の噂話を「黄金の島」の伝説とし、イスラーム世界に広めた。九世紀には、「黄金の島」ワクワク（倭国）の情報がバグダード周辺にもたらされている。

話は戻るが、国司《こくし》の百済王敬福《くだらのこにきしきょうふく》が陸奥の小田《おだ》郡で発掘した九〇〇両（約三四キロ）の黄金を献上したことは、朝廷を歓喜させるビッグ・ニュースだった。百済王は、新羅《しらぎ》に国を滅ぼされた亡命百済《くだら》王族の子孫である。当時、唐の朝鮮半島進出以後の混乱が続いており、朝廷でも多くの渡来人《とらいじん》の活躍が見られた。黄金を重んじる朝鮮半島では金の採掘技術が発達しており、そうした技術が活用されたのであろう。敬福は黄金を発見した功績で、従五《じゅご》位《い》上から従三位《じゅさんみ》への特進を果たした。敬福が黄金を発見した地域は、北上《きたかみ》川の上流、現在の遠田《とおだ》郡涌谷《わくや》町黄金迫《こがねはざま》とされる。その土地には、現在も黄金山《こがねやま》神社が残されている。

図3　東大寺の大仏

危機一髪の黄金発見

「黄金発見！」の報が朝廷を狂喜させた理由は、四九九トンもの銅を使い八回に分けて鋳造を続けてきた像高約一六メートルの大和国分寺《こくぶんじ》、金光明寺《こんこうみようじ》（東《とう》大寺《だいじ》）の巨大な大仏が完成したにもかかわらず、鍍金用の黄金が足りないという台所事情にあった。

朝廷の権威を世に示すには、黄金色に映《は》える大仏の建立が何としても必要だった。大仏を黄金色に輝かせる金がないことになれば、逆に朝廷の力量が問われてしまうことになる。すでに朝廷の黄金は底をついていたが、さらに大量に不足していた。大仏の鍍金には、一五〇キロ程度の黄金がなお必要とされていたのである。「衆人はならじと疑い、朕《ちん》は金少なけむと念《おも》ほし憂《うれ》いつつ」（『続日本紀』天平勝宝元〈七四九〉年四月一日の条）あった聖武天皇は、遠く離れた陸奥でのタイミングの良い黄金の発見に狂喜した。危機一髪で朝廷の体面が保てたのである。

聖武天皇は、「盧舎那仏《るしゃなぶつ》の慈《いつくし》み賜《たま》い、福はえ賜《たま》う物」として黄金発見を言祝《ことほ》ぎ、天平二十一年の年号を「天平感宝《かんぽう》元年」に改めた。また大量の黄金を献上した褒賞《ほうしょう》として陸奥では三年、黄金の産出地の小田郡では永世、税を免除する措置がとられた。大伴家持《おおとものやかもち》も陸奥の黄金の献上を祝い、「天皇《すめろぎ》の御代栄えむと東《あずま》なるみちのく山に金《くがね》花咲く」（『万葉《まんよう》集《しゅう》』四〇九七）という和歌を詠んでいる。

黄金発見から三年、金色に輝く荘厳な大仏のお披露目《ひろめ》の場が設けられた。七五二年四月九日、東大寺で聖武太上天皇、光明《こうみょう》皇后、孝謙《こうけん》天皇、盛装した百官、読経《どきょう》する一万人の僧侶の列席の下に黄金色に燦然《さんぜん》と輝く大仏の開眼供養会《かいげんくようえ》が晴れやかに執り行われたのである。開眼会は、聖武天皇から孝謙天皇への代替わりの式典でもあり、新羅からも王子金泰《こんたい》廉《れん》を使節とする総勢七百余人からなる使節団が参列する、外交の場でもあった。大仏開眼は、国威発揚《こくいはつよう》におおいに役立ったのである。

唐で噂になった倭国の黄金

陸奥では、その後も継続して黄金の採掘がなされた。現在の宮城県本吉《もとよし》郡を中心に、広い地域で黄金が採掘され続けたのである。朝廷にとり、陸奥の黄金は唐との交易の対価として極めて重要だった。七五二年以降になると、多賀《たが》城以北では黄金（砂金）が「交易雑物《ぞうもつ》」という税目で徴収され、毎年五八四両（約二一キロ）もの膨大な黄金が「蝦夷《えみし》の地」から都へと運ばれ続けた。「蝦夷の地」の黄金が、中央の社会を支えたのである。砂金は高価で持ち運びに便利なことから重宝され、遣唐使一行に対する賜金《しきん》、入唐《にっとう》する僧侶への給賜、経文《きょうもん》の購入費などとして用いられた。唐文明を系統的に移植するための国家プロジェクトを、陸奥の砂金が支えたと言えるのである。唐に派遣された役人、僧侶、学生は砂金を携え、滞在の諸費用に充てた。陸奥の大量の砂金が、都を経由して唐に流れ出したと考えればよい。

唐の人々は自国の黄金の産出量が極めて少なかったこともあって、「倭国」の使節団が持参する大量の砂金に目を見張った。どれほどの砂金が唐に流れたのかは知るよしもないが、人目につきやすいかたちで大量の砂金が使われたことは事実である。例えば、八〇四

（延暦《えんりゃく》二十三）年の遣唐使派遣に際し、遣唐大使には二〇〇両（約七・五キロ）、副使には一〇〇両（約三・八キロ）ないし一五〇両（約五・六キロ）もの砂金が賜与《しよ》されたと記録に残されている。それだけでもかなりの量であるが、遣唐使一行は、初期に二四〇―二五〇人、中期に五三〇―五四〇人、末期五〇〇人内外とかなりの大人数により構成されており、留学生、留学僧の滞在は長期に及んだ。そうしたことから、遣唐使の一行が莫大な黄金を唐にもたらしたと推測される。

最後の遣唐使一行に加わって唐に渡った留学僧円仁《えんにん》が著した『入唐求法巡礼行記《にっとうぐほうじゅんれいこうき》』は、朝廷が商船に託して唐に滞在する僧侶の下に滞在費用に充てる砂金を送った事実を記している。桓武《かんむ》朝の学問僧で、唯一人唐の訳経事業に参加した日本人僧に霊仙《りょうせん》がいる。彼が八二五（天長《てんちょう》二）年に渤海使《ぼっかいし》に託して朝廷に表物を献じた時、朝廷はそれを言祝《ことほ》いで一〇〇金を賜り、渤海僧、貞素《ていそ》に霊仙の下まで届けさせた。霊仙が朝廷に恩義を感じ、渤海僧、貞素に託して一万粒の舎利《しゃり》・新経二部を献上すると、朝廷はその代償として再度一〇〇金を賜うことを決した。貞素は託された黄金を霊仙に届けるために五台山《ごだいさん》の霊境寺に霊仙を尋ねたが、彼はすでに世を去っていたというのである。

またこうした話もある。遣唐大使の藤原常嗣《ふじわらのつねつぐ》に従って入唐した学問僧円載《えんさい》は、八四三

（承和《じょうわ》十）年に使いを遣わして衣料を購入するための費用を朝廷に請うた。朝廷は、請《しょう》益僧《やくそう》円行《えんぎょう》と学問僧円載が長期の滞在で生活に窮していることを察し、それぞれに金二〇〇両（約七・五キロ）を賜ったという。

大量の砂金がまとまって持ち込まれたことから、「倭国」の黄金の噂が長安《ちょうあん》、洛陽《らくよう》、商都揚州《ようしゅう》などに広まっていった。商人たちは、黄金情報に敏感である。情報は中国商人だけではなく、揚州などの沿岸都市に滞在していたペルシア人、イスラーム商人の間にも口コミで伝えられた。

イスラーム世界に伝わったワクワク

八世紀後半以降、多くのイスラーム商人がダウという帆船《はんせん》で唐の港に赴き国際商業に携わっていた。イスラーム商人により書かれた『シナ・インド物語』は、唐末の黄巣《こうそう》の反乱軍が広州を占領した際に、一二万人ものイスラーム商人、ゾロアスター教徒の商人が殺害されたと記している。広州だけでなく泉州《せんしゅう》、揚州などの沿岸諸港でも多くのイスラーム商人が居留地をつくり、商業に携わっていた。

長江《ちょうこう》北岸の揚州は、最後の遣唐使の一行に加わった円仁が嵐に遭って漂着した都市として知られているが、大運河沿いの物資の集散地で当時数千人のペルシア人、イスラーム商人が住み着き、カンツー（江都）としてイスラーム世界にも知られていた。揚州は、新羅商人が活躍する黄海《こうかい》交易圏と強いかかわりを持ち、新羅・倭国情報が流れ込んでいた。そうしたことから揚州経由でイスラーム商人の間に新羅・倭国情報が広がり、広州へと伝えられた。広州から「黄金の国」ワクワク（倭国）情報がイスラーム世界に伝えられたのである。

九世紀後半にアッバース帝国の第一五代カリフのムータミド（在位八七〇―八九二）に仕えたアルジバル（古代のメディア）の郵逓駅長イブン・フルダーズベは、地理学者としても著名で『諸道路と諸国の書』という著作を残した。彼はその著作の中で黄金の豊かな「倭国」に触れ、「シーンの東にワクワクの地がある。この地には豊富な黄金があるので、その住民は飼犬の鎖や猿の首輪を黄金で作り、黄金（の糸）で織った衣服を持って来て売るほどである。またワクワクには良質の黒檀《こくたん》がとれる」と記している。中国史家の桑原隲《じつ》蔵《ぞう》氏は、この「ワクワク」は「倭国」の広東《カントン》方言が転じたものであろうと推測している。「日本」という国号はすでに七世紀後半に定められていたが、唐では「倭国」という伝統的な呼称が依然として用いられており、それが「ワクワク」に転訛したのである。

ワクワク伝説の一人歩き

イスラーム商人が伝えるところでは、唐《とう》末の黄巣《こうそう》の乱で一二万人を越える大虐殺や略奪がなされた後、イスラーム商人はリスクを避けるために広州《こうしゅう》から引き上げ、マラッカ海峡の西の入り口付近のカラ島に貿易の拠点を移した。イスラーム商人と中国社会の結び付きは次第に弱まり、ワクワク伝説も除々におぼろげになっていった。南の広州では、長江《ちょうこう》流域、黄海《こうかい》交易圏の情報が得にくかったのである。

そうした事情から、あいまいになった「ワクワク」伝説だけが一人歩きを始める。例えば一一五四年にヴァイキング出身のシチリア王ルッジェーロ二世に仕えたモロッコのセウタ出身のイスラーム教徒の学者、アル・イドリーシーが造った直径二メートルの銀盤に刻んだ「世界図」には、アフリカの端に「黄金の島」ワクワクが刻み込まれている。イドリーシーの「世

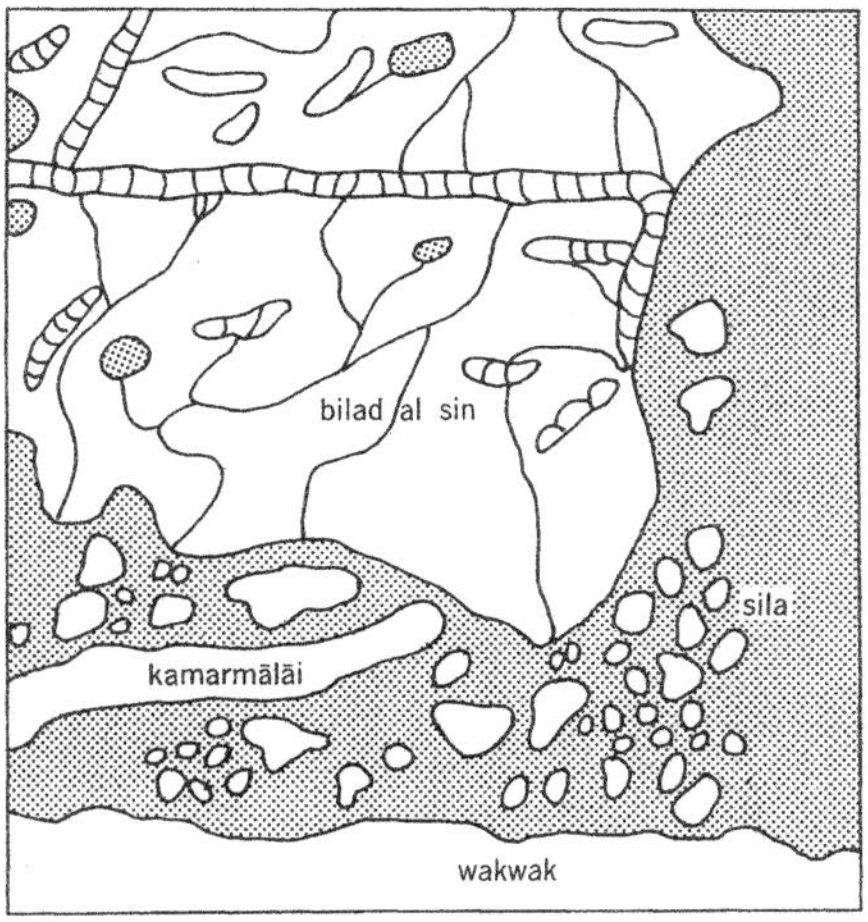

図4　アル・イドリーシーの「世界図」の東アジア概念図
（K. Miller による）

界図」ではプトレマイオス以来の伝統的な地理認識をベースに地図の中央部にインド洋が刻まれ、それを挟んでアジアとアフリカ大陸が南北に配され、アジアの東端部の中国と海を隔てたアフリカの最先端部にワクワクが刻まれている。インド洋の東端の海域には、カマル・マーラーイ（マレー半島）、シラ（新羅《しらぎ》）などの諸島もあり、一二世紀になると西アジアから遠く離れた辺境の地理的認識がかなり混乱していたことが理解できる。イドリーシーは「世界図」の解説書で、シラ（新羅）は近づきがたい東の外れの別天地であり、犬の鎖、猿の首輪を金で作ると記している。イブン・フルダーズベの「ワクワク（倭国《わこく》）」の記述が、「シラ（新羅）」に転移しているのである。もっともイブン・フルダーズベの『諸道路と諸国の書』は、シラ（新羅）について「シナの果てにあるカーンスーの全面にシーラーと称する山が多く、数多くの公国に分れる国があり、豊富に金を産出する」と記しているので、倭国情報と新羅情報が混同しやすかったことも事実である。

ワクワク情報があいまいになり混乱する一方で、ワクワクの黄金を熱望する傾向も一層強まった。イスラーム世界の経済は順調に膨張を続けたものの金・銀の増産がそれに追いつかず、貴金属不足が深刻化した。とくに一〇世紀になると、銀の主産地、ホラーサン地方で銀の精錬に必要な木材資源が枯渇し、銀の供給量が大幅に後退したのである。金銀複本位制をとるイスラーム世界で「ワクワク」の黄金への期待はいやが上にも高まっていった。しかし黄金の島「ワクワク」の所在場所については、日本説、ジャワ島説、アフリカ東岸のザンジバル説などが入り混じるようになり、混迷の度が強まっていた。ワクワクがどこにあるのかは、闇に紛れてしまったのである。

混乱するワクワク情報

イスラーム商人が拠点をカラ島に移したことで、中国沿海部に大きな変化が起こった。それまでイスラーム商人との受動的な貿易に終始していた中国商人に、大きなビジネスチャンスが訪れたのである。沿海部の中国商人はカラ島のあるマレー半島方面と中国を結ぶジャンク交易を活性化させ、みるみる東南アジアに交易圏を拡大した。宋《そう》代にはジャンクがもたらした南海産の珍貨が東アジア世界にも出回り、日本、高麗《こうらい》も中国商人の東南アジア・東アジアを結ぶ大交易圏に組み込まれることになる。

イスラーム商人の「ワクワク」情報は、日本、ジャワ島、ザンジバル説が鼎立《ていりつ》したが、諸説にはそれなりの根拠があった。ワクワク伝説の起源でもある日本説は、イスラーム商人のかつての伝聞に基づいていた。ジャワ島説は、二世紀のプトレマイオスの「世界図」の「黄金島」ジャヴァデオス島に由来する。プトレマイオスはジャヴァデオス島の島名に

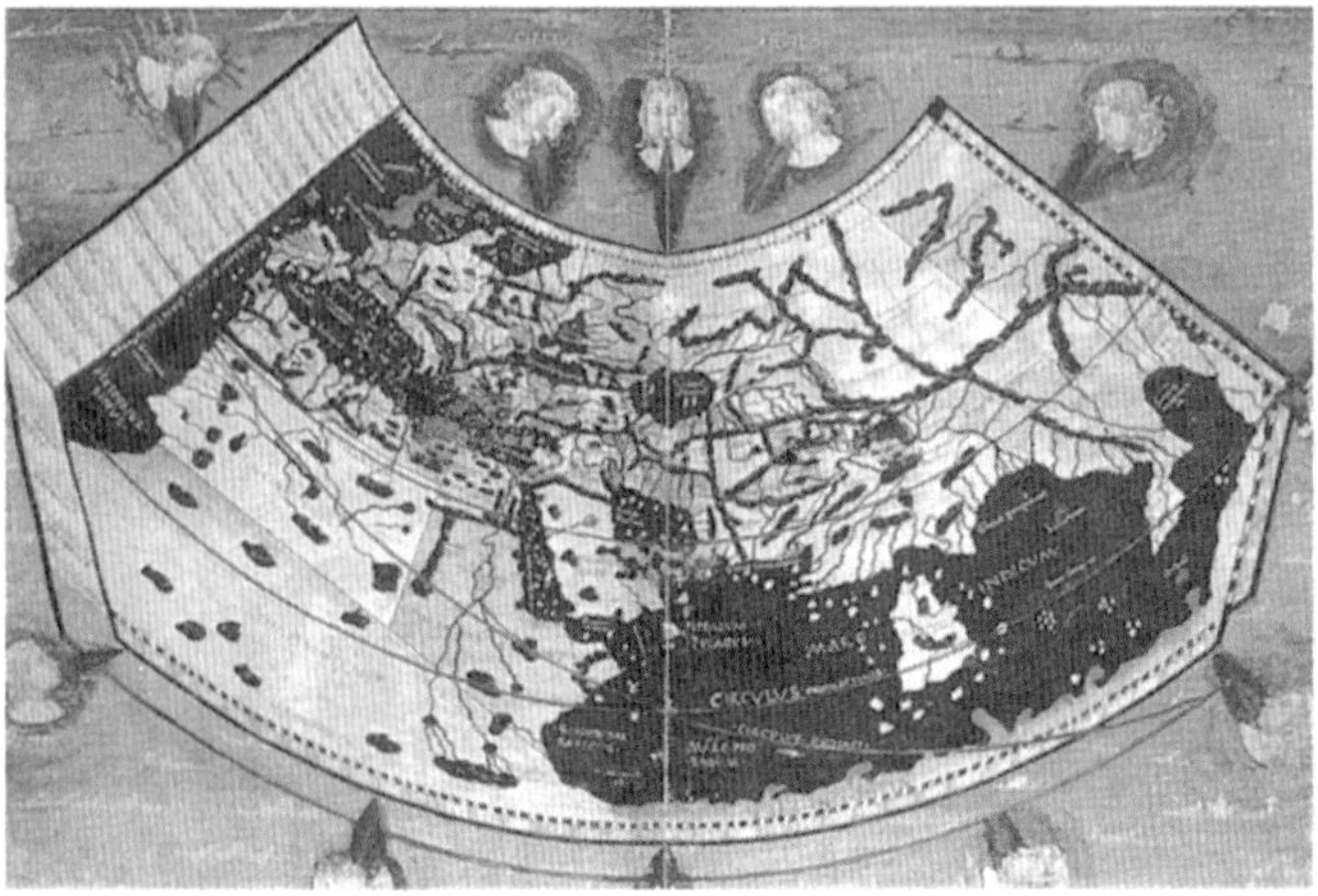

図５　プトレマイオスの「世界図」

ついで、「大麦の島を意味し、非常に肥沃《ひよく》であって多量の金を産出する」と記している。この島は、古代インドの叙事詩『ラーマーヤナ』に「金産豊かなる金島、銀島なる七王国により飾られたヤバ・デヴィパ」と記されたヤバ・デヴィパ島に比定《ひてい》されている。ザンジバル説は、東アフリカのザンベジ川の流域には一一世紀から一五世紀にかけて「モノモタパ」という称号を持つ王が支配するショナ族の王国があり、豊かな黄金を産出し、インド洋貿易で繁栄していたことに由来する。

イスラーム世界の「黄金島」情報は東西の海域に拡散していったが、陸奥《むつ》の黄金は依然として滔々《とうとう》と中国に流れ続け、「黄金の国」日本のイメージは宋代以降さらに膨らんだ。

平清盛《たいらのきよもり》が摂津《せっつ》に大輪田泊《おおわだのとまり》（現在の神戸港）を修築し、音戸の瀬戸《おんどのせと》（広島湾東部）を開いたことで日宋貿易は一層盛んになり、日本の支配層は黄金で宋銭、生糸《きいと》、陶磁器などを購入し続けたのである。

ジパングとして蘇ったワクワク伝説

唐物と交換された黄金

陸奥《むつ》の砂金《さきん》の産出は衰えるところを知らず、平安末期まではほぼ我が国唯一の産金地としての地位を保ち続けた。砂金は贈賜《ぞうし》用、貿易用として珍重され、膨大な黄金が中央に向けて流れ続けたのである。平安貴族は黄金で購入した「唐物《からもの》」で身の回りをきらびやかに飾り、黄金の備蓄と使用をステータスとした。唐からもたらされる奢侈《しゃし》品と黄金は同一視されたのである。

例えば、保立道久《ほたてみちひさ》氏の『黄金国家』は、「蔵人所《くろうどどころ》の唐物交易使のシステムの統制において『金』の位置はきわめて高かったのであって、そもそも、前述のように『唐物』の納められていた蔵人所納殿は同時に『黄金』金庫であったのである。一〇四〇年（長久《ちょうきゅう》元）

の内裏《だいり》焼亡の際、散乱した『御物金銀等《おものきんぎんなど》』が天皇の避難先の殿舎の納殿に納められたことが、それを示唆している（『藤原資房日記《ふじわらのすけふさにっき》』長久元年九月九日条）」と、金と唐物が同一視された状況を述べている。

『宋史《そうし》』日本伝が、「東の奥州《おうしゅう》は黄金を産し、西の別島（対馬《つしま》）は白銀を出し、以て貢賦となす」と記し、一二二五年に南宋の趙汝适《ちょうじょかつ》が著した『諸蕃志《しょばんし》』が、「金銀を以て貢賦と為す。すなわちその地の東粤（奥の誤り）州及び別島の産する所なり」と記していることから、対馬の銀とともに陸奥が砂金の産地として中国にまで知られていたことが理解される。

中国史家加藤繁氏の研究では、南宋《なんそう》時代に日本から輸出した黄金の量は年数千両にも上ったとされる（「唐宋時代に於ける金銀の研究」）。中国の産金量は古来少なく、黄金の値段が日本より遥かに高かったことが砂金が中国に流れ続けた理由だった。宮崎市定《みやざきいちさだ》氏によると、中国では五代から宋初にかけて金一両が銀一〇貫だったものが、一〇世紀末の宋の太《たい》宗《そう》の時期には金一両が銀五貫に一時的に暴落し、一二世紀初には暴騰《ぼうとう》して金一両が銀二〇貫となり、南宋期にはさらに金価が急激に上昇した（「五代宋初の通貨問題」）という。

いずれにしても一一世紀初に金一両が銀三貫だったと推測される日本と中国とでは、金価格に大きな開きがあったのである。中国で金価が暴騰した一二世紀から一三世紀にかけて日本から輸出された黄金の量は、中国国内で歳課分《さいか》（鉱山税）として買い上げられた黄金よりも多かったのではないかと言われるほどである。

日宋貿易と金

東アジア交易圏の広い範囲で流通した陸奥の砂金は、日宋貿易を重視する平氏が覇権を握ると、上層武家の間でも大変に重宝された。砂金さえあれば、中国の珍奇な商品を手に入れることができたからである。

例えば、一一七七（治承《じしょう》元）年二月に平重盛《しげもり》が知行した気仙《けせん》郡から砂金一三〇〇両を得ると、東シナ海海域の交易で活躍する筑前《ちくぜん》の宗像氏国《むなかたうじくに》の家子《いえのこ》の許斐忠太妙典に一〇〇両を託して浙江《せっこう》の育王《いくおう》山の僧に二〇〇〇両を施し、砂金一〇〇〇両を皇帝に献上して同山に自らの菩提《ぼだい》を弔《とむら》う小堂の建設の許可を得、小堂を守るための供米田《くまいでん》を購入する資金とすることを願ったとされる（『源平盛衰記《げんぺいじょうすいき》』）。『平家物語』は、このできごとを安元《あんげん》の頃のこととし、僧の布施《ふせ》が一〇〇〇両、田代が二〇〇〇両、妙典に与えた砂金が五〇〇両としている。また、一一七八年に平清盛が安徳《あんとく》天皇の誕生を祝い、砂金一〇〇〇両を法皇に献じた（『平家物語』）という記述もある。

陸奥では平安時代から京都の金商人《かねあきんど》が砂金を求めて集まったが、藤原秀衡《ひでひら》の時代になると一層その数が増加した。金商人はナヨ竹という細く節の長い竹で作った長さ八寸（約二四チセン）の竹筒に砂金を収めて京都に上り、砂金を中国からもたらされた銅銭、絹、珍物なども交換し、それを携えて再度陸奥に赴いたという。

『源平盛衰記』に登場する、鞍馬《くらま》から牛若丸（源《みなもとの》義経《よしつね》）を奥州平泉の藤原秀衡の下に誘った五条の橘次末春、つまり金売吉次もそうした砂金商人の一人であった。『大日本貨幣史』には、「金商人吉次トイフハ今云フ両替師ナリ。多門院《たもんいん》日記文禄《ぶんろく》元年ノ項ニ金商衆・両替衆トモ書キタリ」とある。

黄金の都――平泉の幻想

陸奥の砂金を支配した奥州藤原氏は、奥州南端の白河関《しらかわのせき》、北端の外ケ浜《そとがはま》（陸奥湾岸）からそれぞれ一〇日余りの行程の中央部に、平泉《ひらいずみ》の都を築いた。奥州藤原氏は豊富に掘り出された黄金を使って京文化の移植に努め、平泉に「黄金文化」を育て上げたのである。

『吾妻鏡《あずまかがみ》』には、中尊寺《ちゆうそんじ》は寺塔四十余宇《う》、禅坊三百余宇、初代清衡《きよひら》草創するところ、毛越寺《もうつうじ》は堂塔四〇宇、禅坊五百余宇、二代基衡《もとひら》建立、三代秀衡完成するところと記されている。これらの壮麗な寺院は金銀の螺鈿《らでん》装飾で輝き、「皆金色《かいこんじき》」と呼ばれる華やかさを誇った。中尊寺は、もともと一〇一体の釈迦《しやか》像をまつる「鎮護国家大伽藍《ちんごこつかだいがらん》一区」を指してい

図6　中尊寺金色堂の諸仏

たというが、現在往時を彷彿《ほうふつ》とさせるものは、金色堂《こんじきどう》しか残されていない。しかし、金色堂だけが特別だったわけではなく、中尊寺全体が随所に黄金を用いた豪奢な建築群だったと想像されるのである。例えば、経堂に納められた「宋版一切経《いっさいきょう》」は、砂金一〇万五〇〇〇両と引き換えに宋から輸入されたとされる。

毛越寺も白河《しらかわ》天皇の御願《ごがん》で造営され、「国王の氏寺《うじでら》」と称された壮麗な京都の法勝寺《ほっしょうじ》を模して造営された寺院だった。毛越寺の金堂、円《えん》隆寺《りゅうじ》が焼失したことについて記した『吾妻鏡』は、「霊場荘厳《しょうごん》においては吾朝無双」、つまり荘厳さでは日本に並ぶものがない建物と形容している。三代秀衡は、宇治《うじ》の平等院《びょうどういん》をそっくりそのまま真似た無量光院《むりょうこういん》を建てた。

このようにあげ連ねてみると、奥州藤原氏の富は京の藤原氏の栄華と肩を並べる勢いだったことが理解できる。すべて黄金色に輝く砂金のなせる業である。平泉の黄金に満ちた壮麗な建築群の噂が、奥州にある「黄金の都」のイメージを増幅させていったのは当然であろう。宋に大量に輸出された陸奥の黄金を背景に、「黄金の都」の噂は誇大な伝聞情報として宋まで伝えられ、評判を呼び起こした。宋が全国から徴収する量を越える金を産出した陸奥はまさに「黄金の国」であり、金色に光り輝く堂宇群の伝聞が「黄金でできた宮殿」という噂話を生みだしたとしても決しておかしくはない。

マルコ・ポーロの情報源

一二七一年にフビライにより建国された元《げん》帝国は、モンゴル人の武力とイスラーム商人の豊富な地理的知識、交易技術が結びついて大帝国になった。大量のイスラーム商人が、「色目人《しきもくじん》」として中国の地に入り込んだのである。イスラーム商人は、日本との貿易に従事する中国商人から「黄金の国」の情報を耳にすると、かつてのワクワク伝説と新たな黄金情報を重ね合わせ、マルコ・ポーロが記録したようなジパング伝説を織り上げることになる。

マルコ・ポーロの『東方見聞録《とうほうけんぶんろく》』を読んでみると、あんなにも知的好奇心が旺盛《おうせい》なマルコが中国語に関する記述を全く行っていないことに気が付く。その理由は、おそらくマル

図７　東方見聞録　1518年刊の扉

コがイスラーム商人を中心とする「色目人」社会を情報源としていたことによると推測される。マルコ・ポーロが「黄金の国」ジパング情報を、イスラーム教徒の役人、あるいはイスラーム商人から得たと考えるのが妥当であると思われる。

確かに元帝国でモンゴル人を補佐した人材は、イスラーム商人を中心とする「色目人」だった。彼らこそが、モンゴル人を補佐し元帝国の基礎を築いたのである。例えば『東方見聞録』の「タイドゥ市におけるカタイ人の謀反《むほん》」の条は、フビライの妻の下に出入りしていたイスラーム商人アクマットが、フビライから多大な権限を与えられ帝国の基盤づくりに貢献したものの、権力を縦《ほしいまま》に弄《もてあそ》んだたために恨みを買いカタイ人（漢人）に誅殺されたことについて、概略次のように記している。

フビライは、全属領、全州県の政務を司る一二人の大官の一人としてアクマットという有能なイスラーム商人を抜擢《ばってき》した。フビライの全幅《ぜんぷく》の信頼を得たアクマットは万事を思いのままに処理し、一切の政治を独裁し、すべての官職を差配し、あらゆる罪人を処罰する権限を握るに至った。アクマットはそうした権限を悪用して罪のない人々を多数殺害し、美女を次々に我が物とし、莫大な財産を築いて二五人の息子たちを高官の地位につけた。そうした事態に憤ったカタイ人（漢人）は、フビライの不在中にアクマットを暗殺してしまう。事後調査が行われた結果、アクマット一族の悪事が白日《はくじつ》に晒《さら》された。

マルコ・ポーロは、「カーンがタルタール人（モンゴル人）やさらに多くのイスラーム教徒を総督に任命してカタイ人（漢人）統治に当たらしめていたから、彼らは皆カーンの政治を嫌忌していた一事である。けだしカタイ人たちはこれら総督によって奴隷のように取り扱われ、とてもこれに耐え切れなかったのである」と記している。

唐代後期を遥かに凌《しの》ぐ規模でイスラーム商人が中国に進出し、大活躍したのが元代だったのである。イスラーム商人が広く深く中国社会に入り込んだことにより、「ワクワク」伝説の残像が新たな装いの下に蘇《よみがえ》った。中国商人の間に広がっていた陸奥の砂金、「黄金の都」の風評が、ワクワク伝説再生の触媒《しょくばい》になる。利に聡《さと》いイスラーム商人は、幻の国ワクワクを「黄金の国」ジパングとして蘇らせたのである。

元寇の後方基地、泉州とジパング

元寇の後方基地、泉州

元代《げん》には、日本とジャワ島に向け二方向の元寇《げんこう》が行われた。この二つの元寇には、ともに大国際港ザイトゥーン（泉州《せんしゅう》）が絡んでいた。『東方見聞録《とうほうけんぶんろく》』のジパング島遠征（元寇）の記録は、イスラーム商人の拠点となっていたザイトゥーン（泉州）でマルコが得たイスラーム情報に基づいていると推測される。元軍の遠征について、『東方見聞録』の「チパング島」の条は次のように記す。

ところで無尽蔵なこの島国の富を伝え聞いたクブライ現カーン（フビライ）は、武力をもってこれを征服せんものと決意し、二人の重臣に歩騎の大軍と大艦隊を授けてこの島国に向かわしめたのである。……その委細の点は省略するとして、この遠征軍はいよいよザィトゥーン（泉州）およびキンサイ（杭州《こうしゅう》、慶元〔寧波《ニンポー》〕の誤り）の港から出帆して海洋に乗り出した。こうして彼等は航海の末、めざすこの島国に到着、上陸して多くの平野や村落を占領しはしたものの、まだ都市は一つも攻略できないでいるうちに、以下に述べるような災難が遠征軍の上にふりかかって来た。……ある日のことである。北からの暴風が激しく吹き荒れた。艦船をそのまま岸に碇泊《ていはく》しておくなら一艘《そう》残らず難破するだろうというのが軍士たちすべての見解だったから、全員は急いで上船し海岸を離れて沖合いに出ることにした。しかしながら、四マイルと航行しないうちに、暴風はますますつのる一方であった。何しろ遠征軍の艦隊はとても多数の船隻集団だったから、この風浪のために互いに激突し合ってその多くが難破してしまった。（愛宕松男訳）

フビライは日本に対して、文永《ぶんえい》の役（一二七四年）と弘安《こうあん》の役（一二八一年）の二度の元寇を行ったが、マルコ・ポーロが元の上都《じょうと》にたどり着いたのが合浦《がっぽ》（現在の釜山《プサン》）から日本への最初の元寇（文永の役）がなされた一二七四年のことなので、『東方見聞録』に記されているのは一二八一年の弘安の役であろうと推測される。

遠征では、最初に九〇〇隻、四万余人からなる東路軍が高麗《こうらい》の合浦から発進し、六月六日に博多《はかた》湾で戦闘態勢に入った。三千五百余隻、一〇万人からなる主力の江南《こうなん》軍が到着したのは、著しく遅れて六月末である。異なる性格を持つ両軍の連携には無理があり、なかなか態勢が整わなかった。そのために戦闘態勢づくりに時間がかかってしまい、七月二十六日にやっと伊万里《いまり》湾口の鷹島《たかしま》に拠点が築かれて戦闘が始まるかに見えた。しかし、七月三十日の夜から翌朝にかけて突然に台風が襲来し元の艦船の大部分は沈没し、一〇万人の兵士が海の藻屑《もくず》として消え去った。三万数千人が命からがら本国に帰還し、遠征は不発に終わったのである。マルコ・ポーロは遠征の目的を「無尽蔵《むじんぞう》なこの島国の富」の獲得にあったとしているが、黄金島ジパングの紹介の後に遠征の事実が記されているので、この「富」が「黄金」を指すことは間違いない。

元軍の主力、江南軍の遠征拠点になった港は日本の歴史書では慶元（寧波）とされており、地理的に見てもそう考えるのが理に適《かな》うように思われるが、マルコ・ポーロは台湾《たいわん》海峡に面するザイトゥーン（泉州）を主力軍の出港地と記している。愛宕松男氏も、『東方見聞録』のチパング島の条の冒頭にある「チパング［日本国］は、東のかた、大陸から一五〇〇マイルの大洋中にある、とても大きな島である」と言う記述に着目する。この一五〇〇マイル（約二四一四キロ）はザイトゥーン（泉州）と大宰府《だざいふ》の間の距離に匹敵するので、マルコが誤記したのではなく確信を持って泉州を江南軍の遠征拠点と記述したのだというのである。そうした点からマルコ・ポーロがジパング情報を得たのが、イスラーム商人の交易拠点ザイトゥーン（泉州）だったという推論は成り立つように思われる。

泉州の繁栄

「元寇」の策源地とされたザイトゥーン（泉州）は、元で最も繁栄した国際港だった。ザイトゥーンには一万人を越えるイスラーム商人が居住し、七つのモスク（清真寺《せいしんじ》）、二つのヒンドゥ寺院、複数のカトリック修道院が建てられていたとされている。現在で言えば、シンガポールのような港としてイメージされるのである。

マルコ・ポーロはザイトゥーン（泉州）について、「ここは海港都市で、奢《しゃ》侈《し》商品・高価な宝石・すばらしく大粒の真珠などをどっさり積みこんだインド商船が続々とやってくる港である。またこ

図８　国際都市，泉州を今に伝えるモスク（清浄寺）の大門

の海港には、この地の周縁に展開しているマンジ各地からの商人たちも蝟集してくる。要するに、この海港で各種の商品・宝石・真珠が取り引きされる盛況は、何ともただ驚嘆する以外にないのである。この海港都市に集積した商品は、ここからマンジ全域に搬運され賈販《こはん》される。キリスト教諸国に売りさばこうとしてアレクサンドリアその他の港に胡椒を積んだ一隻の船が入港するとすれば、ここザィトゥーン港にはまさにその百倍にあたる百隻の船が入港する。その貿易額からいって、ザィトゥーン市は確実に世界最大を誇る二大海港の一であると断言してはばからない」と、その繁華な様子を記述している。

ザイトゥーン（泉州）を治めたのは、モンゴル人が南宋との戦いを進める際に「福建安撫沿海都制置使」として抜擢した泉州提挙市舶（泉州の貿易を統括する役所の長官）、蒲寿《ほじゅ》庚《こう》だった。蒲寿庚の「蒲」という姓がアラビア語で「父」を意味するAbu（Abou）の音訳であることで分かるように、蒲寿庚は中国に移住したイスラーム教徒の子孫である。ザイトゥーン（泉州）は、イスラーム商人が主導権を握る貿易港だったのである。

泉州から黄金島への二つの遠征

南宋で最も繁栄していた港、広州《こうしゅう》が宋元交替期に戦火に晒《さら》されて衰退したのに対し、泉州はモンゴル軍に協力して戦火を逃れたことで圧倒的優位に立った。元の時代に海の世界を制したのは、ザイトゥーン

（泉州）のイスラーム商人だったのである。杉山正明氏は『クビライの挑戦』の中で、ザイトゥーン（泉州）のイスラーム商人を軸に「元寇」とジャワ島への遠征を結び付け、経済的視点から両者を統一的に把握しようとしている。

杉山氏は、南宋が滅亡した五年後になされた元寇（弘安の役）の一〇万人の江南軍は、旧南宋の職業軍人たちのうちの希望者を乗せた「移民船団」であり、経済目的を持つ遠征だったのではないかと推測する。

確かに元にとって、モンゴル人に刃向《はむ》かうおそれが残る南宋軍をどう扱うかは大問題だった。ザイトゥーン（泉州）のイスラーム商人が、「黄金の島」への移住、黄金の採掘のために南宋軍の活用を画策し、フビライがその方策を取り入れたと考えても、決して不自然ではない。「ワクワク」が倭国に由来するのに対し、「ジパング」は日本国の ji-pen-kuo が訛《なま》った呼称である。

興味深いことにザイトゥーン（泉州）は、もうひとつの「黄金の島」ジャワ島遠征の策源地でもあった。ジャワ島への遠征も、黄金がらみだったのである。先に述べたようにジャワ島にも、プトレマイオスの『地理書』に記された「ジャヴァデオス島」の伝説を継承する黄金伝説があった。

ジャワ島の黄金伝説も、国際交易の活性化とともに蘇《よみがえ》ってきたのである。例えばフランシスコ会の宣教師オドリコはジャワ島について、「この島の王は非常に素晴らしい宮殿を一つもち、非常に巨大で階段は大変大きく高く広く、またその踏み段は一方は黄金で他方は銀でできていて、同じく宮殿の床も一方は黄金の床、他方は銀の床でできている。宮殿の壁面は、その内側はすべて黄金の板で張りめぐらされ、そこには黄金の騎士像が彫刻され、その頭主の周囲には我等の国の聖人達につけられるような黄金の大円光があり、この円光にはすべて宝石をちりばめてある。また宮殿の屋根もすべて純金である。一口で云えば、この宮殿は今日世界にあるどれよりも華麗である」と、まるでマルコの描く「黄金の宮殿」を彷彿とさせるような記述を行っている。

一二九二年十二月、ザイトゥーン（泉州）から史弼《しひつ》が率いる五〇〇隻の艦船、二万人の兵士・乗組員からなる遠征軍がジャワ島に向けて派遣された。この遠征の艦船、資材を提供したのはイスラーム商人で、ジャワ島の人々を交易に勧誘するのが主目的だったとされている。しかし、実際にジャワ島についてみるとジャワ島では政治的紛争の真っ只中《まただなか》にあり、遠征軍は現地の紛争に利用されて戦闘に巻き込まれた。

日本への元寇とジャワ島への元寇は、イスラーム商人の経済的欲求に基づいているという点で共通性を持つ遠征とみなし得るのである。

黄金流出の終焉

元寇後、日元貿易は一層の活況を呈し、交易船が慶元（寧波）と博多の間を往来した。東シナ海を横断する航路は片道一〇日程度で短く、鎌倉幕府が元との貿易に制限を加えず、元側も貿易を奨励したことから、宋代をはるかに越える規模の貿易がなされたのである。

この時期に日本から元に輸出された主力商品は相変わらず黄金であり、銅銭、香薬、経巻、書籍、文具、絵画、什器《じゆうき》、絹織物などが中国から輸入された。具体的に貿易取引の状態を表す史料は少ないが、『元史』日本伝は、文永の役と弘安の役の間の一二七七（至《し》元《げん》十四）年に、「日本商人を遣し、金を持ち来たりて銅銭と易《か》ふ」と記している。

一三二六（泰定三、嘉暦《かりやく》元）年には鎌倉の浄妙寺《じようみようじ》が福州版大蔵経を黄金で購入しており、依然として日本から中国に黄金が流れたことが推測される。そうした傾向は、一四〇一（応永《おうえい》八）年に足利義満《あしかがよしみつ》が肥富《こいつみ》、祖阿《そあ》などを明《みん》に遣わす最初の勘合船《かんごうせん》派遣の時期まで続いた。最初の勘合船は、一〇〇〇両の黄金を馬一〇匹、扇一〇〇本、屛風《びようぶ》三双《そう》、鎧《よろい》一領、剣一〇腰、刀一柄などと共に明に献じている。

しかし、陸奥《むつ》の砂金も枯渇する。一四〇三年の遣明船になると献品の中から黄金は姿を消し、馬二〇匹、硫黄一万斤、瑪瑙大小一二塊、金屛風三幅、槍一〇〇〇両、太刀一〇〇把、鎧一領となっている。陸奥の豊かな黄金が滔々《とうとう》と中国に流れ出す時代は、終わりを遂げたのである。

一四三二（宣徳《せんとく》七）年から一五四七（嘉靖《かせい》二十六）年までに一一回の勘合船の派遣がなされたが、その時期には明らかに日本からの黄金の輸出が後退し、「黄金の国」日本のイメージは崩れた。この時期に最も珍重された輸出品は刀剣で、一一回の勘合船が輸出した刀剣の数は実に二〇万把にも及んだのではないかと、木宮泰彦氏の『日華交流史』は推測している。それに次ぐのが硫黄、銅、扇、蘇芳木《すおうぼく》、蒔絵《まきえ》の漆器《しっき》、屏風、硯《すずり》などで、明から輸入された品は依然として銅銭が圧倒的に多く、他には書籍、絹製品、磁器、古名画などであった。一五世紀後半以降、日本は刀剣と工芸品の産出国となり、「黄金の島」ジパングのイメージは薄れるのである。

黄金の島から銀の島へ

黄金を輸入するジパング

銀の国ジパングとポルトガル人

一六世紀中頃に東アジア海域に進出したポルトガル船が日本の港に寄港するようになった時期には元《げん》帝国はすでに滅び去って大部分のイスラーム商人が中国を去り、ジパングも「黄金の島」の実体を失っていた。しかし一五四〇年代に、石見《いわみ》（島根県）の大森《おおもり》銀山、但馬《たじま》（兵庫県）の生野《いくの》銀山などが開発され、日本はアジアを代表する銀産国の地位を確立していた。鉱産国の日本の主産物が、黄金から銀へと短期間に大転換を遂げたのである。日本でシルバーラッシュが起こり、ジパングが黄金の国から銀の国に変身した「幸福な時期」にポルトガル船がやって来ることになった。一七世紀前半に、日本では毎年世界の三分の一を占める四万から五万貫

（一貫は四キロ）の銀が産出され、石見銀山だけでも八〇〇〇貫（三万二〇〇〇キロ）から一万貫（四万キロ）が掘り出されたと言われる。はるばる大海原を渡って来たポルトガル人が目にしたのは「黄金の国」ジパングではなく、世界有数の「銀の国」ジパングだったのである。

ポルトガル人の東アジア海域進出の契機になったのが、一五一一年になされた東南アジアの交易拠点マラッカの占領だった。その後ポルトガル人は明《みん》の勘合《かんごう》貿易体制への参入を求め、一五一四年以降断続的に広州《こうしゅう》に商船を派遣した。しかし、明の冊封《さくほう》体制に組み込まれていたマラッカ王国を軍事征服したことが露見し、ポルトガル船は広州湾から撃退されてしまう。そこでポルトガル人は活況を呈してきていた福建《ふっけん》・浙江《せっこう》の密貿易ネットワークに参入し、中国沿岸での貿易を活性化させた。ポルトガル船は、一五四〇年代になると日本近海にも出没するようになる。

日本につながる密貿易

明は国是《こくぜ》として私商人が海外貿易に携わることを厳禁する海禁政策を実施し、管理貿易体制をつくりあげた。いわゆる「勘合貿易」である。ところが明末になると、沿海商人の活動をコントロールすることができず、ジャンクによる私貿易が「密貿易」として蘇った。密貿易の中心港は、浙江の長江《ちょうこう》河口、舟《しゅう》山《ざん》列島の横島の双嶼《そうしょ》港、福建漳州《しょうしゅう》の月港などであり、密貿易ネットワークは福建と広東の境に位置する南澳島《なんおうとう》、広州湾のタマウ（上川島《じょうせんとう》）、ランパカオ（浪白澳《ろうはくおう》）などの南部諸港につながっていた。

浙江の双嶼港は、対日貿易の拠点の寧波《ニンポー》に近い密貿易センターだった。明に正式の貿易を拒絶されたポルトガル商人は密貿易商人の案内で、彼らが「リャンポー（Liampao）」と呼んだ双嶼港に一五二六年頃から出入りするようになった。ポルトガル商人がリャンポーで交易するようになった過程について、ポルトガル人のドミニコ修道会士ガスパール・ダ・クルスは、次のように述べている。

シナ国外に住みポルトガル人といっしょに帰港してくるシナ人たちは、……ポルトガル人がリャンポーへ交易に赴くよう、その水先案内を始めた。かの諸地方には沿岸にたくさんの大集落がある以外、城壁に囲まれた市も町もないことに眼をつけたのである。そこに住む貧しい人々はポルトガル人をたいへんに歓迎していた。彼らへ食糧を売って金儲《もう》けができたからである。ポルトガル人と航海をともにしてきたシナ商人たちはこれらの集落に帰ればお互いに親戚同士であった。……やがて彼らを仲介者として、地元商人たちがポルトガル人へ売るべき商品を持ち寄るという話がまとまった。

図9　鉄砲　江戸時代の作

ポルトガル人に混じって活動していたくだんのシナ人たちは売買にさいしてはポルトガル人と地元商人の仲介者にほかならなかったから、この仕事からはきわめて大きな利益を収めることができた。……ポルトガル人がリャンポーの諸島嶼《しょとうしょ》において越冬し始めるというかたちで商取引は行われた。彼らはそこにしっかりと定着し、しかも大幅な行動の自由に恵まれるという事態が生じた。絞首台と罪人公示台以外、彼らに不足するものなど何ひとつないくらいであった。

（日埜博司訳）

リャンポー（双嶼港）は、急速にポルトガル人の交易センターになった。メンデス・ピントは、「リャンポーはポルトガル人たちが陸地に作った千戸《こ》以上から成る集落で、市参事会、陪席《ばいせき》判事、地方長官、その他六、七人の共和国裁判官と役人によって統治された」と記している。（日埜博司訳）

密貿易商人、王直《おうちょく》が活躍していたリャンポーは、ポルトガル人が薩摩《さつま》の種子島《たねがしま》に漂着し鉄砲を伝えたできごとと深い関わりを持っていたのである。一六〇六（慶長《けいちょう》十一）年に薩摩の島津《しまづ》家に仕えた禅僧、南浦文之《なんぽぶんし》が著した『鉄炮記』によれば、一五四三（天文《てんぶん》十二）年八月にポルトガル人が乗組員百余人からなる大船（ジャンク）に乗って種子島に漂着し鉄砲を伝えたが、同船には「五峯」と呼ばれる大儒《たいじゅ》が乗り組んでおり、船に乗り組んでいる異装の商人（ポルトガル人）を西南蛮種の胡賈《ここ》（「西方の商人」の意味）であると伝えたという。五峯が、王五峰つまり王直であることは、鄭舜功《ていしゅんこう》の『日本一鑑《にほんいっかん》』や一五六〇（嘉靖《かせい》三十九）年に編纂された『寧波府《ねいはふ》志《し》』の記述からも明らかである。

種子島を訪れた西南蛮種の胡賈の長が持っていた、轟音《ごうおん》とともに標的を打ち抜く長さ二、三尺の強い威力を持つ武器こそが「鉄砲」だった。しかし鉄砲については、一五四〇年代にはすでに広く鉄砲を積んだ密貿易商人の船が東シナ海を往来していたとされ、ポルトガル人がヨーロッパから積載してきたものではないのではないとする説が有力である。

黄金はどこに？

ポルトガル側の最古の日本来航記録は、モルッカ総督アントニーオ・ガルバンが一五六三年に著した『諸国新旧発見記』である。同書は、「一五四二年ディエゴ・デ・フレイタス暹羅《シャム》国（現在のタイ）トドラ市に一船のカピタンとして在しとき、その船より三人のポルトガル人一艘のジャンクに乗りて脱走し支那《しな》に向へり、その名をアントニオ・ダ・モッタ、フランシスコ・ゼイモト、アントニオ・ペイショットといふ。北方三〇度余りに位置するリャンポー市へ入港せんとて行きたるに、後ろより非常なる暴風雨襲来して彼等を陸より隔てたり、かくの如くにして数日、東の方三二度の位置に一島を見たり、これ人のジャポンエスと称し古書のその財宝に就きて語り伝ふるシパンガスなるが如し、而《しか》して、この諸島黄金・銀その他の財宝を有す」と記している。

ポルトガル側の記録は、ポルトガル人訪日の時期が『鉄炮記』と一年ずれており、王直が顔を出さないという点で異なっているが、ポルトガル船がリャンポーを目指していたという点では共通点がある。

ガルバンは日本を「ジパンガス」又は「ジャポンエス」と呼び、「黄金・銀その他の財宝を有する島」として紹介している。『東方見聞録《とうほうけんぶんろく》』に記された「黄金の島」ジパングのイメージが、ポルトガル人にも継承されていたことが分かる。

しかし、一般のポルトガル商人には「ジャポンエス」が、「黄金の島」であるなどとはとても信じられなかった。「ジャポンエス」は確かに膨大な銀を産出する銀産国だが、明から大量の黄金を輸入することを望んでいたのである。黄金島伝説を知るポルトガル人は戸惑《とまど》ったに違いない。ジパングはそもそも存在しなかったのだろうか、それとも太平洋上のどこかほかの場所に本当のジパング島があるのだろうか。

博多《はかた》商人が双嶼港（リャンポー）で交易を始める少し前に、日本は「銀の国」として経済的再生を果たしていた。博多商人、神谷寿禎《かみやじゅてい》は一五二六（大永《だいえい》六）年頃に石見の大森銀山を発見し、一五三三（天文二）年には朝鮮の技術を取り入れて「灰吹法《はいふきほう》」による精錬を開始した。その結果、日本の銀産が飛躍的に高まったのである。灰吹法とは、溶融した銀鉱石を骨灰を塗った炉に入れて空気を吹き付け、鉛などの不要物を取り除く精錬法である。朝鮮の灰吹法は、一〇年後には生野銀山にも伝えられ、それにより日本は世界的銀産国の地位を不動のものにした。日本の銀産量は一六世紀中頃から急激に増加し、慶長・元和《げんな》年間（一五九六―一六二三）に頂点に達している。ポルトガル人が日本を訪れた時期は、日本の銀産量が頂点に達した時期と重なるのである。

世界的な銀産国ジパング

ポルトガル商人は、中国との密貿易港で手に入れた生糸《きいと》などを日本の安価な銀と交換して莫大な利益をあげた。彼らがリャンポーで行った、中国の生糸、絹製品、木綿、薬材と日本の銀を交換する貿易の総額は、毎年三〇〇万クルサードに上ったと言われている。

しかし密貿易が公然化するにつれて、「海禁」を国是《こくぜ》とする明の面子《メンツ》は失われていく。とうとう状況を座視し得なくなった中央政府は、帝国の威信にかけて密貿易を断固取り締まる意志を具体化することになった。リャンポーのポルトガル人、ランカルテス・ペレイラが周辺の中国人との間に紛争を起こし、リャンポー郊外の村で十数戸の家を荒らし、住民一三人を殺害する事件が起こると、明軍はリャンポー（双嶼港）攻撃に踏み切り一五四八年五月に完全に破壊してしまう。

ザビエルを招き寄せた日本の銀

そうした東アジア交易圏の危機に際してポルトガル商人は広州湾に拠点を移し、上川島、ランカパウ（浪白澳）に船を停泊させ密貿易を継続した。ザビエルの来日も、ポルトガルの商業の危機と無関係ではない。リャンポーが破壊された翌年の一五四九年八月十五日、イエズス会宣教師ザビエルが日本に新たな拠点を築くために鹿児島に上陸し、一五五一年十一月までの二年余りの間日本に滞在し、布教と交易拠点づくりに一定の成果を挙げた。リャンポー（双嶼港）を失った密貿易の頭目、王直《おうちょく》も紆余《うよ》曲折《きょくせつ》を経て、日本の五島列島、平戸《ひらど》に拠点を移した。日本はポルトガル船、明の密貿易船を銀の魅力で呼び寄せ、一時的に東アジア交易圏の中心に座るのである。

一五五二年四月八日、インドのゴアでザビエルがポルトガル神父シモン・ロドリゴに宛てた書簡は、「カスティリヤ人は日本諸島を銀島 Islas Platareas（プラタレアス群島）と呼ぶ」と記している。ザビエルは、この日本の銀に着目したのである。ポルトガル商人が持ち出した商品は、まさに銀そのものだった。リンスホーテンが、「この国には幾つかの銀山があり、ポルトガル人が毎年その銀をシナへ運んで行ってヤパン人の必要とする絹その他の品物と交換する」と述べているように、生糸、絹、薬品などの中国商品を日本に運び銀と交換する中継貿易が膨大な利益をもたらしたのである。リンスホーテンは、ポルトガル船が一回の航海で一五万から二〇万ドゥカード以上の利益を上げたのではないかと推測している。

「銀の島」日本の評判は、当然のことながらヨーロッパにも伝えられた。バルトロメウ・ヴェリョが一五六一年にリスボンで製作した『世界図』では、日本島（IAPAM）が南北に長く描かれ、ポルトガル語でMimonoxeque（下関）と記された上の部分にminas da prata（銀鉱山）と記されている。その地点はちょうど石見《いわみ》銀山の位置であり、銀産地が石見であることは、ヨーロッパにも知られていたことが理解できる。

一五八五年にポルトガル王室がアジアから運んだ香辛料の売却代金と輸入した商品にかける関税収入が六〇万ドゥカードであったというから、ポルトガル人が一回の航海で得る利益はその三分の一から四分の一であり、日本での銀貿易の利益が大きかったことが理解

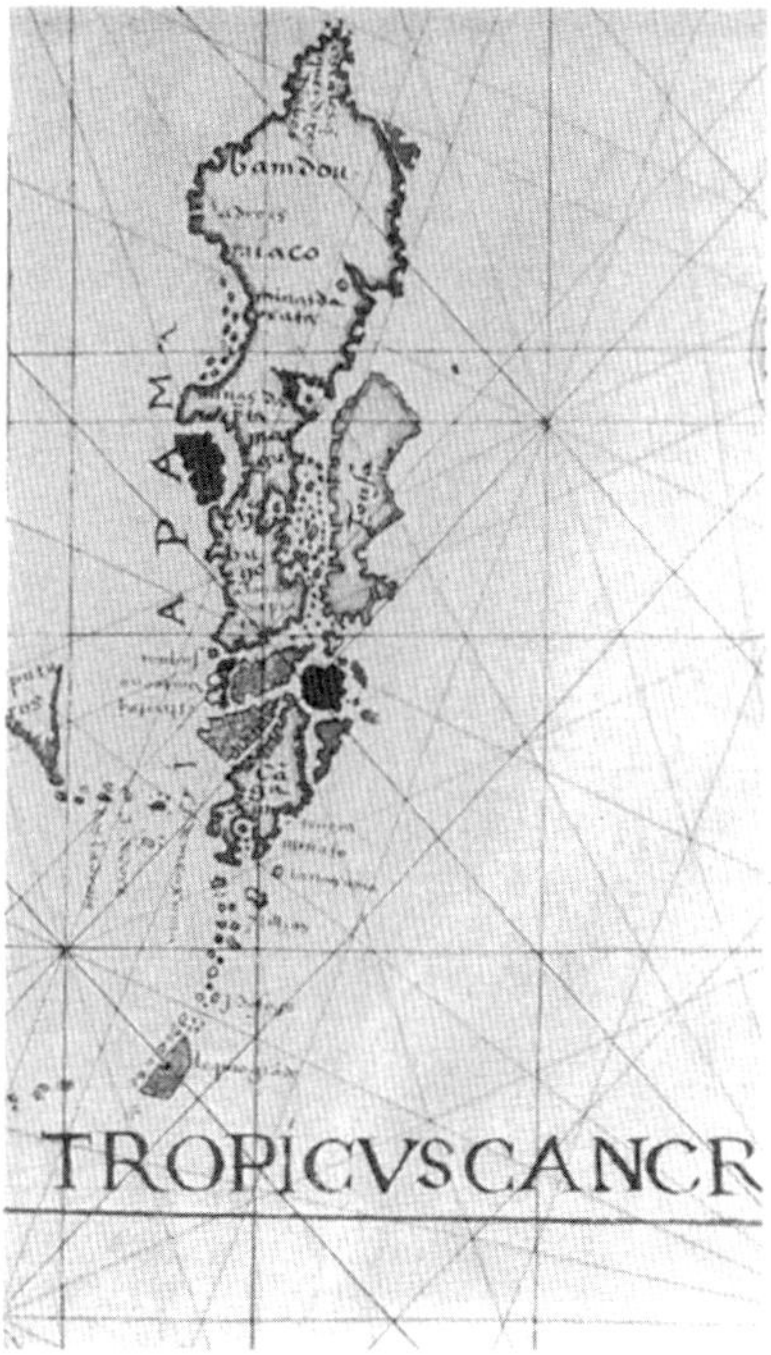

図10　ヴェリョの「世界図」

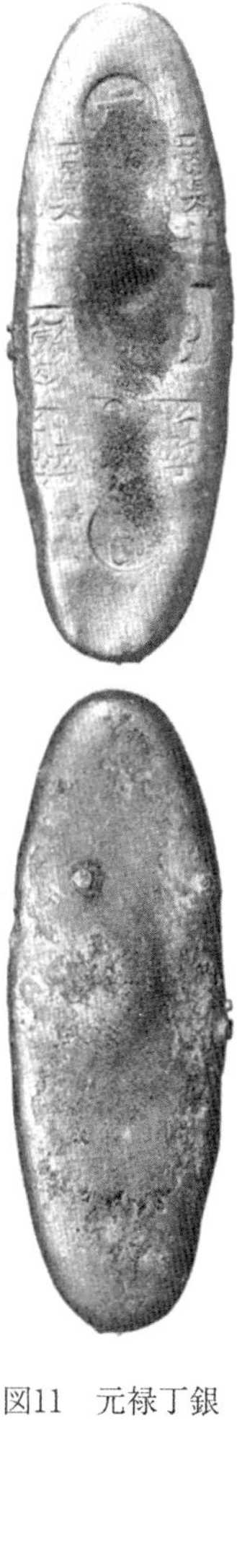

図11　元禄丁銀

できる。対日貿易は、ポルトガルのドル箱だったのである。

小葉田淳氏は、一七世紀初頭に日本は丁銀《ちょうぎん》（純度約八〇％）にして年間四〇〇万両から五〇〇万両（約一五〇トンから一九〇トン）を輸出し、その大半が色々な経路を辿《たど》って中国に流れ込んだことを指摘している。

大量の黄金を必要としたジパング

一六世紀後半から一七世紀初頭の日本は豊富な銀を背景とする奢侈《しゃし》的文化の全盛期で、中国産の生糸、絹製品、綿製品の需要が増大した。それが、ポルトガル船が日本と明を結ぶ中継貿易で巨利を得た背景にあった。一七世紀初めに日本に滞在したスペイン商人アビラ・ヒロンは、『日本王国記』で「二四年前に、太閤様《たいこう》がこの国を平定し征服しなすって以来、過去のすべての時代にまして、人々はおしゃれに浮き身をやつして来たので、現在ではチナやマニラから渡来するすべての生糸をもってしても、彼らには充分でないありさまである」と、生糸の需要の大きさについて述べている。

中国の上質の生糸は、西陣織《にしじんお》りなどの高級織物の原料になった。一六世紀後半になると、生糸、絹織物、木綿などの衣料に加えて、日本は中国から大量の金を輸入することになる。かつての「黄金の国」ジパングは一転して、ポルトガル人が中国から運んでくる金を大量に購入する国に変わったのである。金はたちまち、生糸に次ぐ輸入品の位置を占めることになった。こうした劇的な変化は、銀の大量採掘により国内の金価格が相対的に上昇したことに起因する。

小葉田淳氏の計算によると、一五四〇（天文九）年頃まで日本の金銀比価が一対五―六で、中国の金銀比価が一対七―八だったが、日本で大量に銀が発掘された一五四〇年代以降、日本の金銀比価は一対一〇程度に変化した。日本の金価格が中国の価格を大きく上回るようになり、日本に金が大量に輸入されることになる。金銀の交換比率が劇的に変動しただけでなく、国庫の充実を図る西国《さいごく》大名がヤソ会のパードレ（神父）などを通じて大量に金を求めたことも、莫大な金が日本に流入した理由だった。

イエズス会東インド巡察使パードレ・ヴァリニャーニは、西国大名が銀により金を求めた理由として次のような二点をあげている。

(1)諸侯はパードレ等を通じて銀を中国に送り、それで金または他の物を買おうとしている。一般には金のみを求める。

(2)関白殿《かんぱくどの》（豊臣秀吉《とよとみひでよし》）が金での徴税を求めるために金価が甚だしく上昇し、地方では頻繁に国替《くにがえ》があるので諸侯は、国替や追放に備えて金を蓄えたいと考えている。

図12　天正大判

秀吉による金の買い占め

豊臣秀吉が天正《てんしょう》大判を後藤《ごとう》徳乗《とくじょう》に命じて鋳造《ちゅうぞう》させたのは、一五八八（天正十六）年のことである。黄金を好んだ豊臣秀吉は、長崎でポルトガル船が積んで来た金を独占的に買い占めていた。ルイス・フロイスは、一五九一年にポルトガル人の貿易の自由を認める秀吉の書簡が届くと商人たちが一斉に金を買い漁《あさ》り、三日間で全ての「金」を売り尽くし二五万クルサード以上の収益を得たと述べている。ルイス・フロイスによると天正中期（一五八〇年頃）の相場では、銀一枚（一〇両＝四三匁）が四・六クルサードに相当するという。そうすると、一クルサードは銀九・三匁ということになり、二五万クルサードは銀二三二五貫、つまり約八・七二トンということになる。

またパードレ、セヴァスチャン・ゴンザルヴェスの書簡は、「一五九四年までに金二一〇〇〇タイルをもたらして、二〇万タイルに売れたが、日本に金鉱が開かれて以来、金を運ぶことは損失を生むことになるので行われていない」と記している。一時期は、金を日本に持ち込めば約一〇〇倍の利益を上げることができたというのである。ここには「黄金の国」の面影は全くない。こうした事実に直面すれば、日本国内の劇的変化を知らないヨーロッパ人が、「黄金の島」ジパングは日本列島ではなく、付近の海中に存在するのではないかという幻想を抱いたとしても奇妙ではない。

ガレオン船が蘇らせた金銀島伝説

ジパング伝説の残像

銀産国日本の東の太平洋上に「黄金島」が存在するに違いないという幻想が、ヨーロッパでは依然として生き続けていた。「黄金の島」ジパングが中国の金を高値で輸入するなどということはあり得ず、どこかに「黄金の島」が存在するに違いないと考えたのである。

例えば一五七〇年に、オルテリウスはアントワープで五三葉の地図からなる『地球の舞台』という世界地図帳を刊行したが、そのなかの一つ「東アジア図」では、Iapan（本州）の南に六つの比較的大きな島からなる「九州」を配し（Cangosma 鹿児島の地名があるので理解できる）、東に南北に伸びる比較的大きな「四国」（Tonsa 土佐の地名があるので理解で

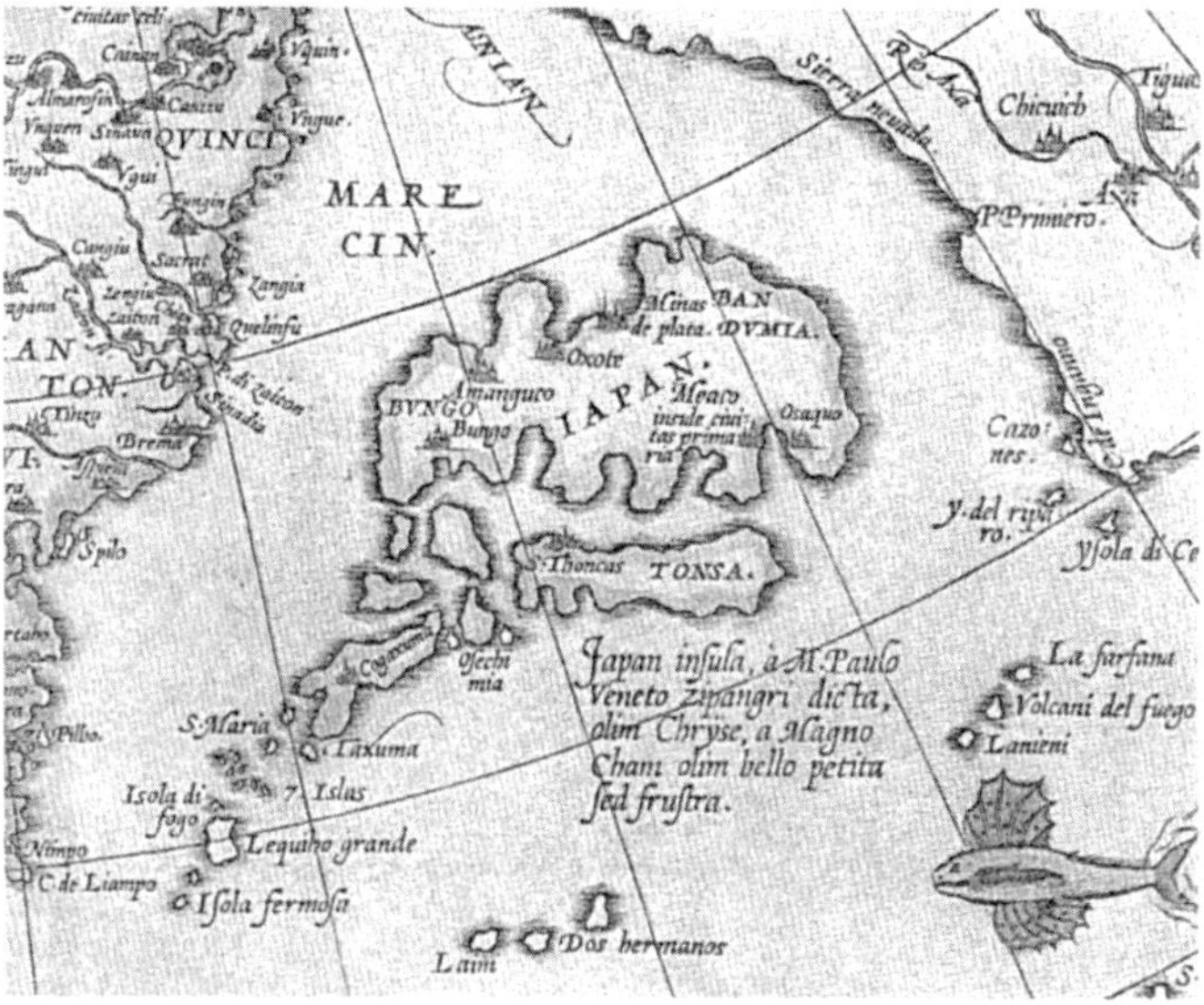

図13　オルテリウスの「タルタリア図」 1570年　部分拡大
日本列島の南の位置に「ヤーパン島．ヴェネツィアのマルコ・ポーロにはジパングリと呼ばれる．かつてのクリュセ（黄金）島．その昔大汗が侵略を試みたが，無駄に終わった」と注記されている．

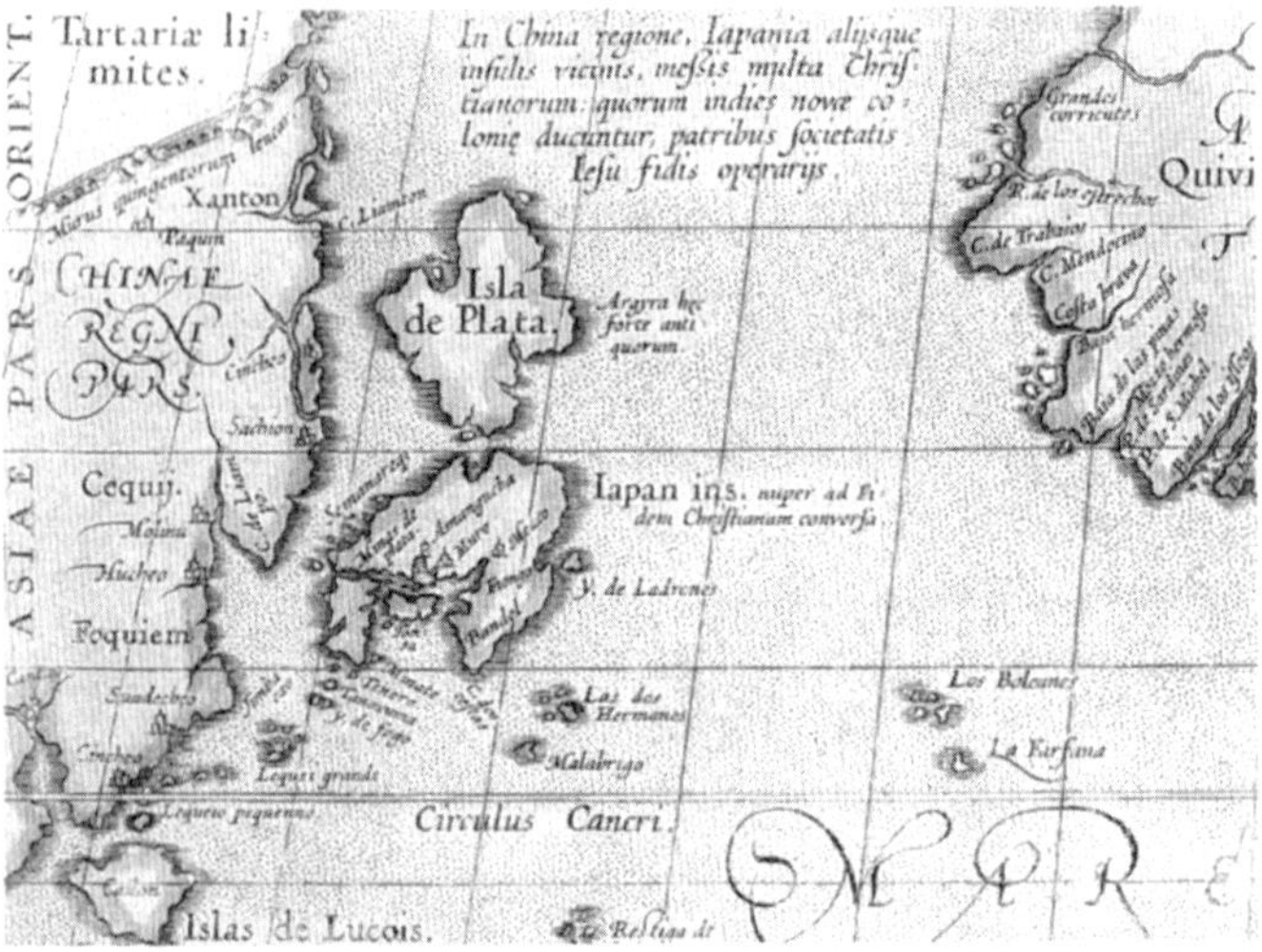

図14　オルテリウスの「太平洋最新図」1589年（神戸市立博物館所蔵）
本州の北に位置する島に『銀島（Isla de Plata）』と記されている．

きる）を置き、その遥か北に本州の北部と相対するような位置関係で「ZIAMPAGV（ジパング）」を配している。「ジパング」は本州の北に別の島として描かれているのである。

一五八九年版の「太平洋最新図」では、日本島（Iapan ins）の北に「銀の島（Isla de Plata）」が描かれている。「銀の島」は、当時の日本の状態、ポルトガル人の対日観を反映したものであろう。ロンドンの商人ラルフ・フイッチが一五八〇年頃の状況について、ポルトガル商人は日本からは銀しか持ち出さず、毎年日本で六〇万クルサード以上、つまりインドから得る二〇万クルサードの三倍以上の銀を貿易の資金として獲得していると述べていることからも、アジアの大銀産国、日本の情報がヨーロッパにも広く知られていたことが分かる。

太平洋からの衝撃

一六世紀末に、東アジア海域世界は大きな変容を迫られることになった。メキシコから太平洋を横断する航路を開発した大国スペインの、フィリピン群島への進出である。メキシコのアカプルコとフィリピン群島のマニラ間の直航航路が定期化され、太平洋を西に航海して新大陸とアジアを繋ぐネットワークが形成されたのである。スペイン人の手で太平洋を横断し、アジアとアメリカ大陸を結ぶ貿易（マニラ・ガレオン貿易）が始められたが、貿易で利用された航路は、黒潮《くろしお》に乗って日本近海を北上した後に偏西風《へんせいふう》に乗ってメキシコに向かうものだった。大国スペインによりなされた新貿易ルートの開発は、それまでインド洋、南シナ海、中国経由で東アジアに進出したヨーロッパ勢力と結び付いてきた日本にとっては、太平洋側からの「新たな衝撃」となった。豊臣秀吉、徳川家康《とくがわいえやす》は、こうした東アジア海域世界の大変動への対処を迫られることになる。特に徳川家康は、黒潮に乗って日本近海を北上し、関東・三陸の沖合で東に航路を転じるマニラ・ガレオン船に強い関心を持った。

一方スペイン人の方も、「ジパング」のイメージを引きずって金銀島の幻想を抱き続けていた。コロンブスがアメリカ大陸を「発見」する際に原動力となったジパング伝説が、アジア海域で蘇ったのである。

スペインの新航路探索

スペインのフィリピン群島進出の経緯は、こうである。一五五九年九月二十四日、スペイン国王フェリペ二世は、ヌエバ・エスパーニャ（メキシコ）副王ルイス・ド・ヴェラスコ宛の親書で、丁字《ちょうじ》、肉荳蔲《にくずく》などの香料を産出するモルッカ諸島（香料諸島）に進出するための拠点となる島々を探索する航海を命じた。二隻《せき》の艦船の建造と艦隊のアジア派遣を指示したのである。かつてのマゼランの航海の継承だった。命を受けたヌエバ・エスパーニャ副王ヴェラスコは、レガスピを艦隊指揮官に選任して遠征の準備に当たらせた。しかし艦船の用意が難しく、遠征は遅れに遅れた。

一五六四年十一月二十一日、レガスピはようやく五隻の艦船を率いてメキシコのナヴィダード港を出帆し、太平洋を西に向けての航海に出た。四〇日近い航海の後、一五六五年一月八日にレガスピ艦隊はフィリピン群島に至る。レガスピは四月二十七日にセブ島に渡り、同島で最も有力な首長トゥパスと友好関係を樹立し、セブ島にスペイン人居留地を築くことに成功した。レガスピはモルッカ諸島とメキシコとの交易ルートを開発せよとの王命に応えるため、アウグスチヌス修道会士アンドレス・デ・ウルダネータを助言者とし、孫のフェリペ・デ・サルセドを隊長とする艦船をヌエバ・エスパーニャに回航させた。

ウルダネータという人物はスペイン北部バスク地方の出身で、一七歳の時からスペイン艦隊に入り、一五四七年に無敵艦隊の司令官に任命された後、一五五二年にメキシコの聖アウグスチヌス修道会の修道士になったという変わり種だった。修道士であるにもかかわらず、豊富な航海経験を持っていたのである。

サン・パブロ号に乗り込んだウルダネータの一行は、レガスピの報告書を携《たずさ》えて一五六五年六月一日にフィリピンのセブ島を出港し、サン・ベルナルディーノ海峡を通過して太平洋に出ると、北東の貿易風を避けながら北緯三〇度付近で黒潮に乗って北上し、北緯三六度あたりで本州の岬を発見した。多分、その岬は犬吠埼《いぬぼうざき》だったと思われる。サン・パブロ号は日本の沖合を北緯三九度付近まで北上し、その後「大圏航法」で東に航海してアメリカ大陸にたどりつき、沿岸部を南下し十月八日無事にアカプルコに帰着した。約一八〇日もかけて太平洋を横断したのである。航海中に乗組員が一六人も死亡する難航海だった。太平洋横断航路は、ガレオン船を用いたスペインの植民地間貿易の航路として、一八一五年までの約二五〇年間用いられることになる。

銀交易とマニラ

一五六九年、レガスピはイスラーム教徒モロ人の支配下にあったルソン島のパシッグ川河岸のマニラを占領した。マニラ防衛にあたった住民の中に二〇人程の日本人が含まれていたとされるのは、興味深い。レガスピはパシッグ川河口にサンチャゴ要塞《ようさい》と城壁を築き、一五七一年にマニラを植民地フィリピンの首都とした。やがて巨大帆船《はんせん》、ガレオン船を使うマニラとメキシコの港アカプルコを結ぶ貿易（マニラ・ガレオン貿易）が始まる。国際交易都市マニラの誕生である。アカプルコからマニラに向けて積み出されたのはペルーのポトシ銀山、メキシコのサカテカス銀山で掘り出された安価な銀だった。

『鎖国とシルバーロード』は、現存する諸史料を総合してメキシコからマニラに搬出された銀の量を、一五八六年から一六五〇年の間、年平均約四〇㌧と推定している。新大陸からもたらされた安価な銀を求めて毎年三〇隻から四〇隻のジャンクが台湾《たいわん》海峡を横断して福建《ふっけん》諸港からマニラを訪れ、銀と交換に生糸《きいと》、絹織物、日用品をもたらした。季節風に乗って台湾海峡を越え、一五日から二〇日間でマニラに着いたジャンクは、銀貿易により巨利を博した。マニラには、定住してスペイン人と福建商人の取引を仲介する中国商人（サングレイ）の数が増し、一六世紀末にはその数八〇〇〇人以上に及んでいる。

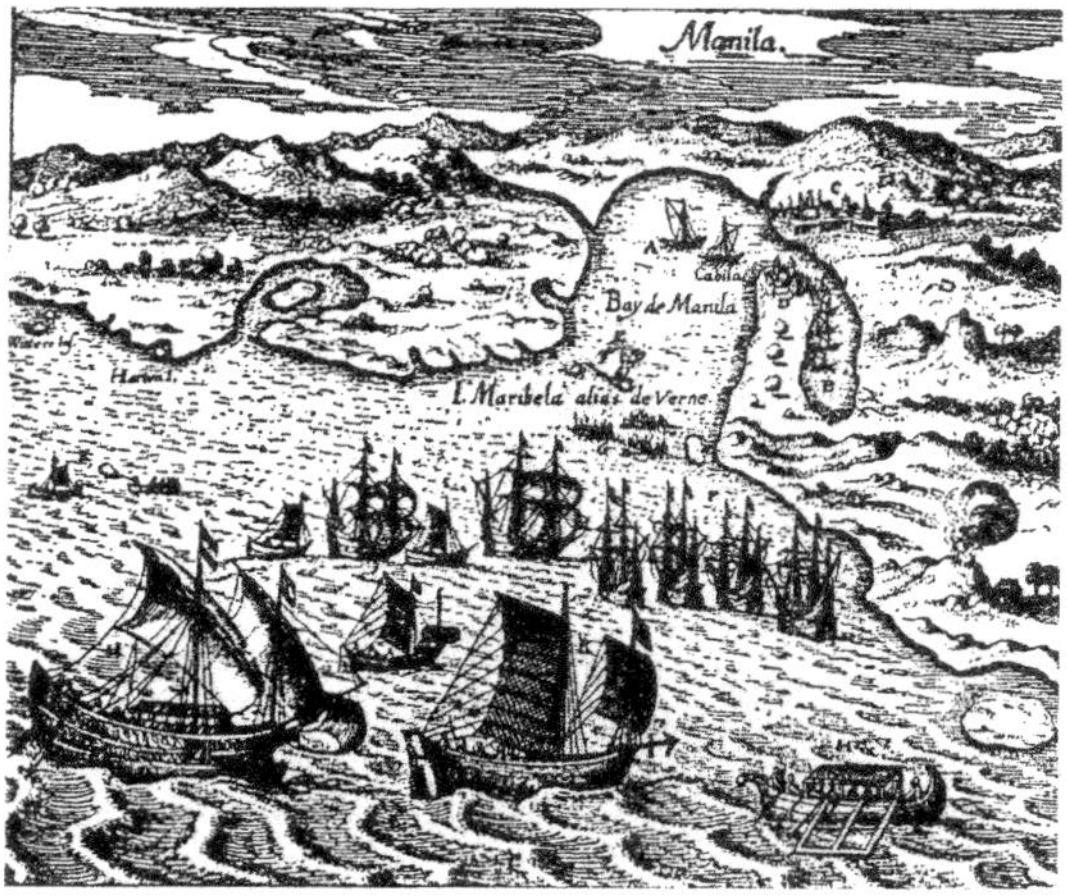

図15　マニラ港の風景　1666年の銅版画

台風の日本近海を航行

ガレオン貿易は、ヌエバ・エスパーニャ（メキシコ）副王領とそれに従属するフィリピン総督領の間の域内貿易であり、副王がガレオン船の乗組員を任命して運行に責任を負い、副王により管理される王室金庫から必要経費が拠出された。副王が管理する公貿易だったのである。

太平洋の荒波に耐えるように堅牢《けんろう》に造られたガレオン船は、その大部分がチーク材が豊富なフィリピンのマニラ付近で建造された。ガレオン船は三〇〇トン程度が基準だったが、なかには一〇〇〇トン、二〇〇〇トンに及ぶ大型船もあった。ガレオン船には、司令官、二人の航海士、三、四人の操舵手《そうだしゅ》、二人ずつの甲《かん》

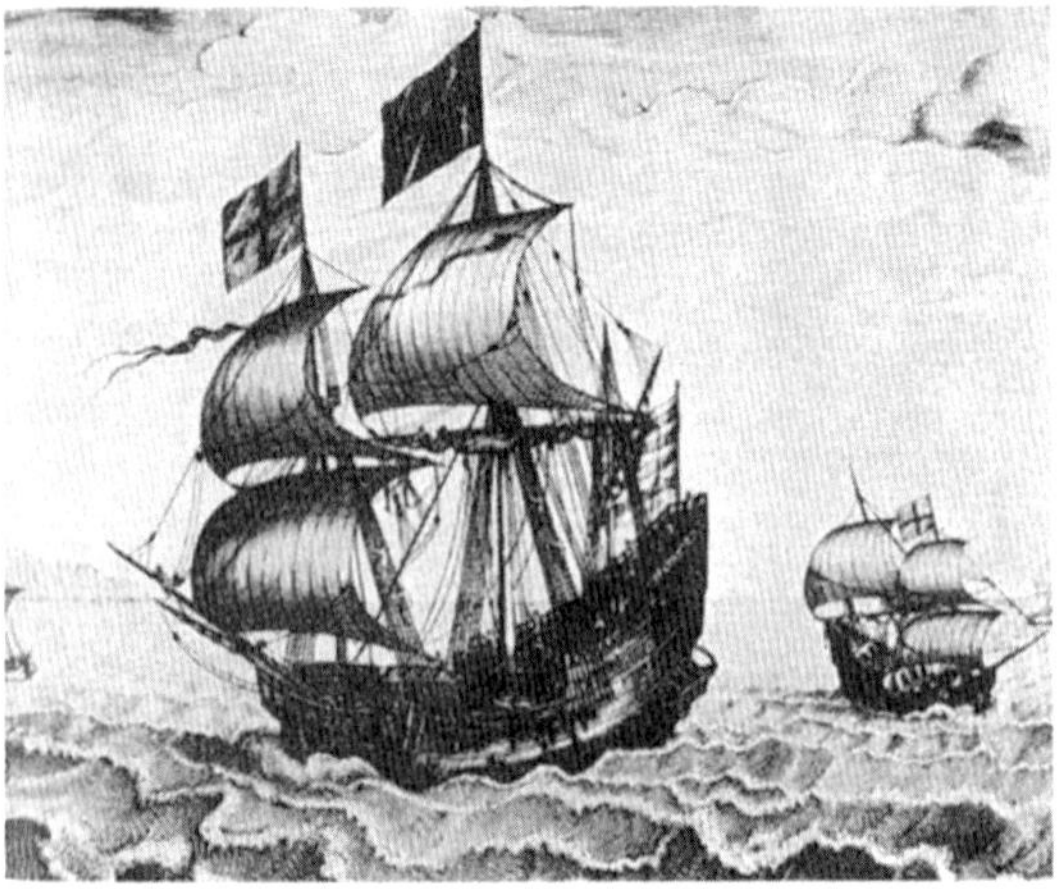

図16　17世紀のガレオン船

板《ばん》長、甲板次長、警務官、船医が幹部として配属され、司祭、公証人、事務員、会計士、銀細工師など、船大工、槙皮《まいはだ》士、潜水夫、海軍の将官、そして多数の水夫が乗り組んだ。

アカプルコに向かうガレオン船は、マニラから北東に進み北緯三〇度付近で黒潮《くろしお》に乗った。黒潮は房総半島の犬吠埼付近で流れを東北に転ずるので、ガレオン船は潮の流れに乗って太平洋を東北方向に進み、やがて北西風を捕らえて太平洋を横断した。日本近海のどこから航路を東に転じるかについてははっきりとは定まっておらず、北緯三二度から四三度の間という大きな幅があった。おおよそ関東から奥州《おうしゅう》の沖合で舵《かじ》を東に切ったのである。

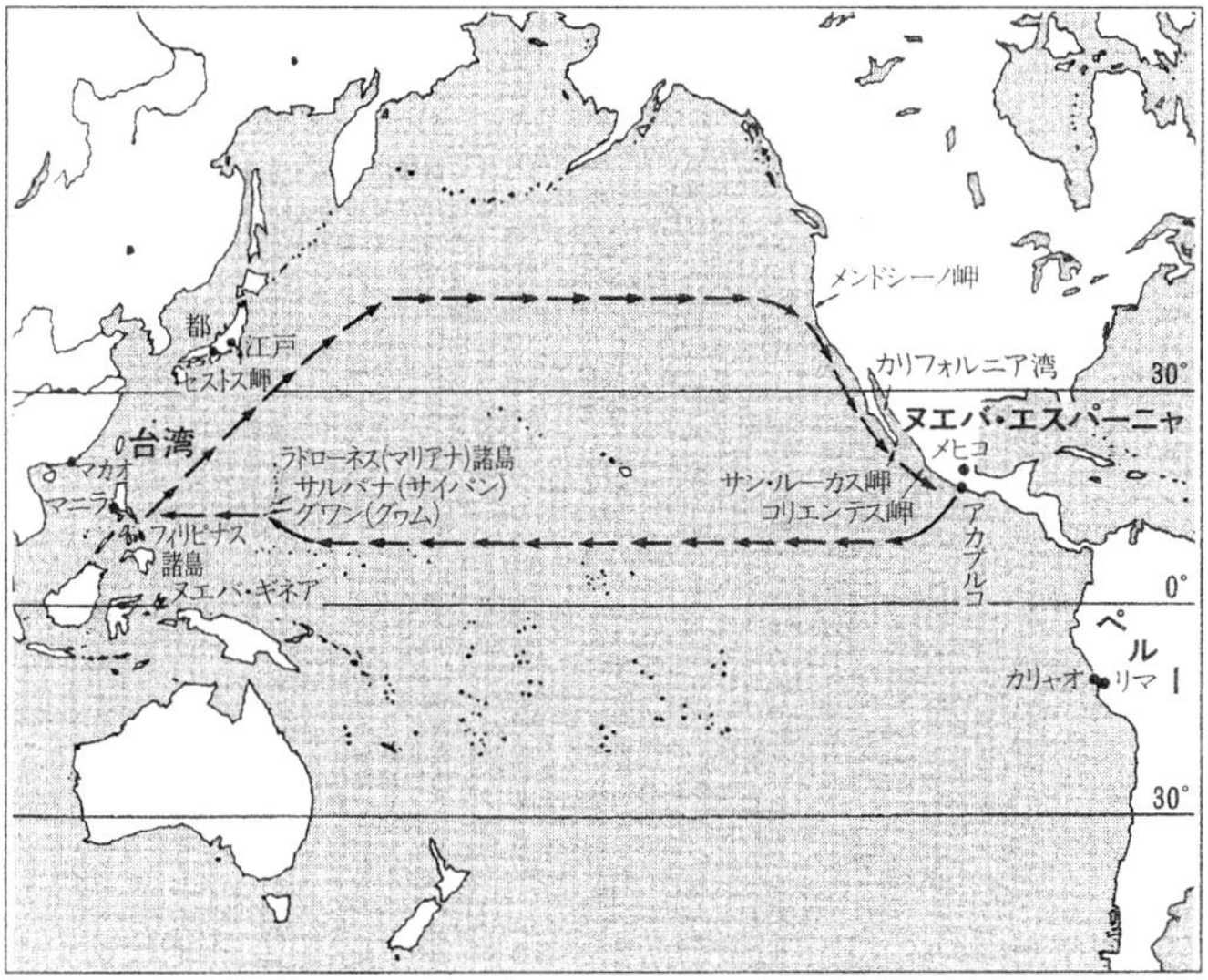

図17　マニラ・ガレオン貿易の航路

しかしガレオン船の航海は五ヵ月から六ヵ月を要する大航海であり、乗組員は飲料水の欠乏、新鮮な野菜の不足による壊血病《かいけつびょう》に悩まされた。また六月二十日頃に吹き始める南西の季節風（ベンダバール）を利用してフィリピン群島を北上しなければならなかったため、日本近海でしばしば台風に遭遇した。ガレオン船が、たびたび日本に漂着したのはそのためである。黒潮と台風が取り持つ縁で、スペインのガレオン船は、関東以北の日本沿海と関わりを持つようになり、結果的にそれまで九州を中心に行われていたヨーロッパ人との間の交易を北に拡大させたのである。

金銀島の漂流譚

スペイン人モルガの『フィリピン諸島誌』はガレオン貿易の航路について、「……三四度の地点に、北方に日本の突端であるセストスの岬（房総半島の突端）があるが、これはフィリピナス諸島から六〇〇レグワの距離にある。そして、ほとんど見えない三八度の地点にある島々の間を通るが、その場合も同じような危険と荒天《こうてん》に悩まされ、これまたほとんど見分けることのできない金島と銀島の辺りでは気温が低くなる。これらの諸島を過ぎると、大海原であり、帆船（ナオ）はここではどんな天候でも自由に航行出来る。その時々の風に従ってこの大海原を横切り、何レグワも進んで四二度の地点まで行き、そこで、このように高い緯度の地域に一般に吹いている北西風を探し出し、ヌエバ・エスパニャの海岸を目指して航行する。そして、長い航海の後にヌエバ・エスパニャの海岸に達するが、その海岸線は、北緯四二度半にあるメンドシーノ岬から北緯一六度半にあるアカプルコ港まで九〇〇レグワである」と記している。

モルガの記述ではガレオン貿易の航路は荒れることが多く、誰も目にしたことがない「金島」と「銀島」が、航路を北から東に転じる航路上の目安として位置づけられている。この金島、銀島は、ポルトガル船が偶然にも漂着したという船乗りたちの間の風評に基づく不確実情報であった。

台風期に日本近海を航海したスペイン船は、たびたび漂流の憂き目に会い、多くの漂《ひょう》流《りゅう》譚《たん》が生まれた。そうした漂流譚の中に、金銀島が紛れ込んだ。ヨーロッパで製作された地図上にわずかに保存されていた「ジパング」の幻影を、日本付近の荒れた海を航海した船乗りたちが「金島」、「銀島」として蘇らせたのである。

情報不足が再生した金銀島伝説

台風の知識がいまだ充分ではなかったこともあって、日本近海はポルトガル人やスペイン人の間では危険に満ちた恐ろしい海域とみなされていた。実際のところ、日本近海では繰り返し海難事故が起こったのである。台風の時期に日本近海を北上するスペインのマニラ・ガレオン船は台風銀座を航海するようなものであり、頻繁に海難事件に見舞われた。当時、ポルトガル、スペインの船乗りの間に流布していた金島・銀島への漂流譚は概略次のようになる。

ポルトガル船が日本の東方の大洋で漂流した時に、偶然に幾つかの島からなる群島に漂着し数日間の停泊を余儀なくされた。ところが驚いたことにその島々には金銀が満ちあふれており、鍋や釜までが金銀で作ってあった。白い肌をした島民はポルトガル船の乗組員を厚遇し、船は大量の金銀を乗せて帰帆《きはん》の途についた。船乗りが島を離れた後で、上陸に使用した端艇の底に砂金《さきん》が付着していることに気がついたがその量が極めて多く、船乗りたちは島の黄金の豊かさに改めて驚かされた、というのである。

根拠の乏しい話ではあるが、船乗りたちの間ではいかにもありそうな話として、受け入れられたようである。

地表の全ての陸地をすっぽりと飲み込んでしまう位巨大なオーシャン太平洋は、茫洋《ぼうよう》とした未知の海域で、多くの噂話を生み出した。黄金の話は、人間の欲望を刺激する。金銀島の噂話は増幅され、オルテリウスの「太平洋最新図」などにも反映されたのである。

秀吉と家康の対スペイン政策

サン・フェリペ号事件

一五九六年（慶長元《けいちょう》）六月十二日、ルソン島のカビテ港（マニラ）からメキシコのアカプルコに向かう途中で暴風雨に遭ったスペインの商船サン・フェリペ号（約一〇〇〇トン、乗組員二百三十余人）が舵《かじ》を失い、船体を大破して同年十一月八日に土佐《とさ》の浦戸《うらど》沖に漂着した。

土佐藩主、長宗我部元親《ちょうそかべもとちか》は二百余隻の小船を出し、満潮時にサン・フェリペ号を浦戸湾内に曳航《えいこう》した。しかしサン・フェリペ号の喫水《きっすい》が深かったため、船は浅瀬で座礁《ざしょう》して竜骨《りゅうこつ》を折り、大量の浸水で航行不能になる。乗組員は救出され、高知に宿所を与えられることになった。それに対してモルガは、日本人が故意に浅瀬に船を乗り上げさせたのだ

図18　豊臣秀吉（大阪市立美術館所蔵）

と述べている。

元親は漂流船の積み荷を没収するのは日本の法であるとしてサン・フェリペ号の積み荷を没収し、スペイン側の返還要求には頑として応じなかった。スペインの巨大船が漂着したとの知らせを受けた豊臣秀吉は、増田長盛《ましたながもり》を現地に派遣しサン・フェリペ号の調査を命じる。

土佐に到着した増田長盛は、サン・フェリペ号のスペイン人が日本侵略の野望を持っているとして船の積み荷全部と乗組員が所持していた二万五〇〇〇ペソを没収し、手に入れた緞子《どんす》、生糸《きいと》、縮緬《ちりめん》などの積み荷を一五〇隻の船に積み分け、阿波《あわ》、紀伊《きい》、淡路《あわじ》、和泉《いずみ》、摂津《せっつ》の民衆に労働奉仕を命じ大坂に送付した。サン・フェリペ号が積載していた積み荷は、メキシコでの販売価格が一三〇万ペソを上ると言われる程の巨額の商品だった。

秀吉はサン・フェリペ号の積み荷没収について一五九七年にマニラの長官に宛て、「予（秀吉）は其船にて来りし貨財を集め、之を散ぜず又分配することなく、之を卿に還付せんと決心しゐたるが、卿の部下が法律に背きたるが故に、此貨財を悉《ことごと》く収めたり」と書き送ったが、何が法に背いたのかについては説明を避けている。

侵略主義とキリシタン迫害

豊臣秀吉がサン・フェリペ号の積み荷を没収し宣教師を処刑すると判断した根拠については、イエズス会とポルトガル人が新興のフランシスコ会とスペイン人に対する反感から、スペイン国王は侵略者であり、最初にフランシスコ会の宣教師を派遣して民衆を教化し、時期を見計らって軍を派遣し占領を行うのが常套手段であると讒言《ざんげん》したとするフランシスコ会の主張が一方にある。例えば、サン・フェリペ号の乗組員のうちの一人の手記は、このように記している。

都から得た太閤様《たいこう》の手紙によって、われわれが海賊でペルー、新西班牙《スペイン》及びフィリピン諸島において行ったようにまずフランシスコ派のパードレを派遣して南蛮（われわれのことをそういっているのである）の教を説かせ、この国をとるために測量を行う目的で来たのである。また金穀《きんこく》を積んできたのであるということを聞いた。このことはこのころ都にあった三人のポルトガル人そのほか数人のものが太閤様に知らせたところである。

（『長崎市史　通交貿易編』西洋諸国部附録）

既得権を新興フランシスコ会の活動により脅かされていたイエズス会士が、マニラから漂着したスペイン人たちを陥れるためにことさらに侵略主義を強調したというのである。

他方では、増田長盛が高知に赴いてサン・フェリペ号の航海長フランシスコ・デ・サンダを尋問《じんもん》した際に、スペインの国威を誇示するためにスペイン王が支配する諸地域の地図を示し、増田長盛のどうしてこのように広大な領土を支配できたのかという問いに対し、サンダがスペイン王はまず多数の宣教師を送り、キリシタンになった者と一緒になって諸国の王を倒し、広大な領土を支配するに至ったという無思慮な返答を行った。それが増田長盛などの複数の者から報告されたために、豊臣秀吉が積み荷の没収とキリシタンの殺害に踏み切ったのだというイエズス会側の主張がある。

イスパニア枢密《すうみつ》会議の国王宛報告書は、サン・フェリペ号事件を「一五九六年十月頃、シナのたいそう価値ある商品を積み、イスパニア人一〇〇名以上その他を乗せ、フィリッピンから新イスパニアに行く途上の、ガレオン船『サン・フェリーペ』号が、日本の一領国（プロヴィンシア）において船腹をぶちあてた折、前述太閤様は、この船の事件を、自分の利益に転用する（実際そうしたのだが）口実をもうけるべく、このイスパニア人たちにつき噂されていることに危惧を有している旨、ほのめかしました。イスパニア人はどのようにしてそんなに沢山の土地を征服したか、と訊ねられた際、上記ガレオン船の一船員がその原因をつくった、と報道されていますが、現在までのところ確証はなく、むしろ自分たちの利益のためにと、ポルトガル人のなかにこの噂をインド諸王国に播《ま》き散らした者がある、ということです」と、暗にイエズス会を非難している。

いずれにしてもサン・フェリペ号事件がきっかけになって、一五九一年以降活発な布教

図19　26聖人殉教図
（サン・アントニオ『フランシスコ会フィリピン・シナ・日本布教史』より）

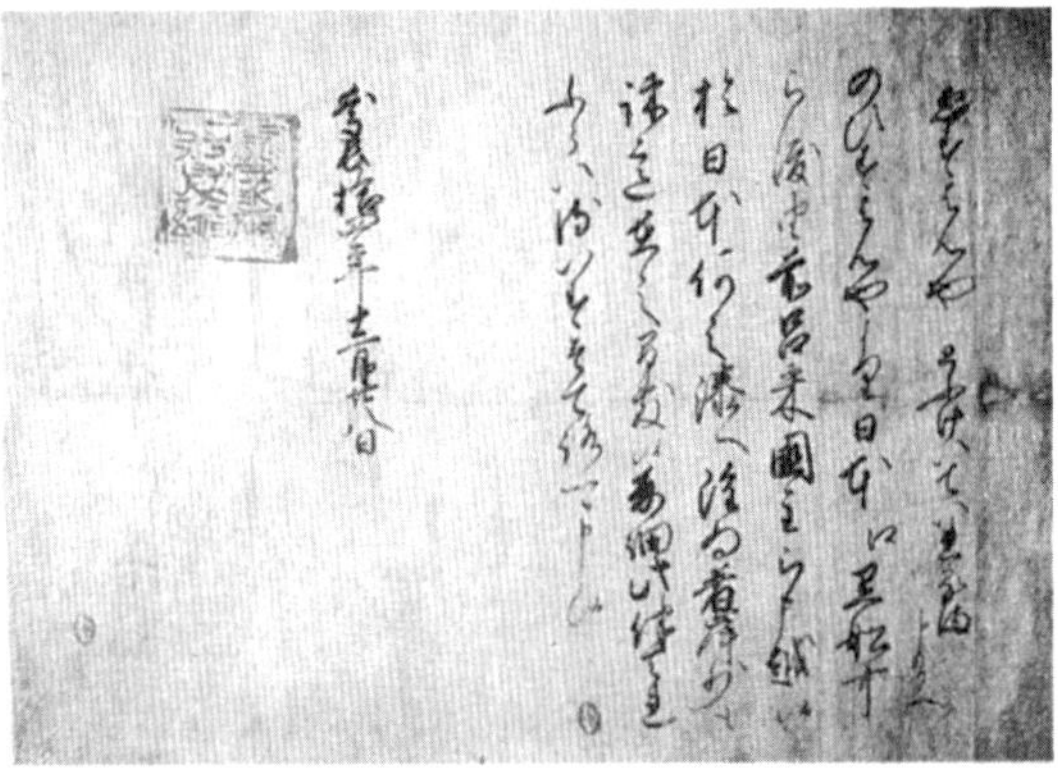

図20　1609（慶長14）年12月28日付徳川家康朱印状
スペインからの船が日本に寄港しても疎略に扱わない旨が記されている.

活動を行っていたフランシスコ会のパードレ（神父）、ペドロ・バプチスタをはじめとする京都、大坂のフランシスコ会士六人と日本人信徒一七人が検挙されて長崎に送還され、イエズス会の三人の信徒とともに長崎の西坂で処刑された。いわゆる「二六聖人の殉教」である。サン・フェリペ号は、修理を終えて翌年春にマニラに戻された。

浦川（浦賀）を第二の長崎に

サン・フェリペ号事件の二年後の一五九八年に秀吉が世を去り、徳川《とくがわ》家康《いえやす》が一六〇〇年の関《せき》ヶ《が》原《はら》の合戦の勝利により権力を握った。海外貿易に熱心な家康は朱印状《しゆいんじよう》により海外貿易船を管理下に置いただけではなく、積極的な対スペイン政策を展開した。家康は日本の沿岸を北上するスペイン商船を、北条《ほうじよう》氏の二大水軍基地の一つ浦川《うらかわ》（現在の浦賀《うらが》）港に招き貿易を軌道に乗せようと考えたのでである。しかし当時の東アジアの貿易は、明からの豊富な商品が中心になっており、九州諸港の繁栄を遠く離れた関東に移すというのは無謀な試みだった。一五九〇（天正《てんしょう》十八）年、家康は対外貿易港として開港する目的で、浦川を自らの「蔵入《くらい》れ地（直轄地）」にした。

家康は京都在住のフランシスコ会宣教師からルソン島、メキシコに関する情報を収集しており、関東にスペイン船を招けば大きな利益が得られるものと踏んでいた。もちろんキリシタンの増加という厄介な問題は予測されたが、家康にとっては財政基盤の確立が最優先されたのである。家康は宣教師についても、布教の期待を抱かせながら外交上の仲介者として巧みに利用できると考えていた。

駿府《すんぷ》以東に領地を持つ家康には外国船との交易拠点がなく、九州を中心とする従来の外国貿易に参入するチャンスもなかった。家康にしてみれば、日本列島を関東、奥州《おうしゅう》の沖合まで北上し、そこから大圏航法でメキシコに向けて航海するスペインのガレオン船は魅力ある取引相手に見えたのである。ガレオン船が、メキシコに向かう途中で関東の港に寄港してくれれば、大きな貿易利益が見込めることになる。

交渉役として選ばれた宣教師

一五九八年十二月、徳川家康は畿内《きない》にフランシスコ会の宣教師フライ・ヘラニモ・デ・ヘススが潜伏しているという情報を得、マニラ総督との間の交渉役として利用しようと考えた。

ヘススはリスボン生まれのポルトガル人で、スペインのグラナダでフランシスコ会の修道士になった。彼はアジアでの布教を希望して一五九四年にマニラに至り、同年フィリピン総督から使節団員として日本に派遣され、一五九六年には二六聖人の殉《じゅんきょう》教を目のあたりにした。彼自身も捕らえられて一時マカオに追放されたが、マニラに戻ると日本人に変装して一五九八年に島原半島の口ノ津《くちのつ》に入り、布教のために畿内に潜伏していたのである。

徳川家康は堺《さかい》の商人から、マニラでは豊臣秀吉がサン・フェリペ号の積み荷を没収し、宣教師を殺害して以来日本人の評判がはなはだ悪いが、日本に潜伏しているフランシスコ会宣教師ヘススの紹介状があれば状況が打開できるのではないかという情報を得た。そこでヘススを探し出し、引見に及んだのである。

家康はヘススの身の安全を保障した上で、マニラからのガレオン船を浦川に寄港させて貿易し、スペインの鉱山技師を招いて銀の採掘の指導を仰ぎたい旨をマニラ総督に仲介することを求め、その代償としてフランシスコ会の日本布教の許可、江戸での教会・慈善病院の建設を承認するという提案を行った。ヘススを、マニラと日本の新たな貿易関係樹立のための使節として利用しようとしたのである。

家康の要請を聞いたヘススは、まずスペイン人を招いて関東沿岸の港湾の水深、緯度などの測量を行わせ安全な航路を探ることが先決であり、その後フィリピン総督にガレオン船の関東寄港を要請すべきであると説いた。ヘススはその後マニラに渡り、家康の要望をマニラ総督に伝えている。

マニラ側の思惑

一六〇七年のイスパニア枢密会議の国王フェリペ三世宛の報告書は、「(日本の)皇帝は三年前からこのかた、自領とフィリピンとの間に通商を望んでおり、毎年船一隻がフィリピンから関東領にシナ商品及びフィリピンの余剰物資を積んで赴き、復路には日本王国に豊富にある多量の銀や小麦粉、乾《ほ》し肉、船具用麻製品、鉄、鋼、火薬、柄つき武器、その他フィリピンの食糧問題と管理に大層必要な品を沢山持ち帰ったこと、フィリピンにとり、日本と通商関係に入り、これを維持することが重要と思われるのは、右にあげた商品の補充という意味の外に、通商関係を通し日本と友好関係を結ぶことが有利であるから」と、家康からの交易の申し出を記し、貿易を保護するための措置がとられたことを、「日本側はフィリピンとの交友を保証し、便宜を与えることを強調しており、そのため、日本人の中に航行の妨害する者があるのを知ると、そのすべてを磔《はりつけ》にすることを命じ、フィリピンから日本へ赴く船が安全に航行できるよう、若干の宣教師に朱印状或いは勅許状を与えました」と記している。通商を求める家康の意図が、フィリピン総督に伝えられたことは明らかである。

徳川家康の浦川（浦賀）にガレオン船を寄港させたいという申し出は、マニラ側にとっても望ましいものだった。なぜなら長期の航海に備えるために、ガレオン船はマニラで六ヵ月分の飲料水と食料を積み込まなければならなかったが、本州の港に寄港できるのであれば、積み込む飲料水、食料を減らし、その分多くの商品を積み込むことができたからである。時々船を襲う台風を逃れるための避難港も必要だった。

家康は日本商人によるメキシコ貿易も求め、そのためには長期の航海に耐えるスペインの帆船が必要であるとして造船技師や職人の派遣を請うた。家康の申し出は、サン・フェリペ号事件の後だけに、防衛態勢が整っていないフィリピン政庁に大きな不安を与えた。フィリピン政庁は、家康の真意を図りかねたのである。

モルガは、「フィリピンが常に日本との関係において保って来た最大の安全性は、日本人が、（大洋を渡ることができる）帆船を持っておらず、航海にも通じていないことである。

それ故にこそ、彼らはいままでマニラを攻撃しようと企《くわだ》てながら、常にその障害のために実行し得なかったのである。したがって我らが技師や職工を派遣して、彼らのためにスペイン人と同じ帆船を建造し、その造船技術を教えることは、彼らにスペイン人を滅ぼすための必要な武器を与えることになる」と、造船技師を日本に派遣することに対する危惧の念を明らかにしている。こうした意見は、マニラでは根強いものがあった。

ヘススは約一年半マニラに留まって仲介の労をとったが、その間一六〇〇年に関ヶ原の戦いにより家康の覇権は揺るぎのないものになっていた。

リーフデ号の漂着

一六〇〇年四月十九日、豊後《ぶんご》の臼杵《うすき》に近い佐志生《さしう》にオランダ船リーフデ号が漂着した。一般的にはリーフデ号は漂着したとされるが、日本を目指した意図的な航海だったのではないかとも考えられている。太平洋を横断したリーフデ号の乗組員は長途の航海で衰弱しきっており、到着後六人が死亡し、一八人の乗組員が残るのみだった。

オランダ船漂着の知らせを聞いた徳川家康は臼杵に使者を派遣し、船の代表を大坂に連行するよう指示した。しかし船長クワケルナックは歩行も困難なほど衰弱しており、イギリス人航海士ウィリアム・アダムスが水夫一人を伴って大坂に赴くことになる。

一六〇〇年五月十二日に大坂城で家康に謁見した後、アダムスは四二日間大坂城の牢に投ぜられた。その間家康は三回にわたってアダムスと会見し、彼の国際的視野と人柄を信用するようになった。家康は江戸にウィリアム・アダムスを呼び寄せ、外交顧問、側近として重用する。キリスト教を前面に出さない、プロテスタントのアダムスが家康にとって都合のいい存在だったことは言うまでもない。

ちなみにウィリアム・アダムス（三浦按針《みうらあんじん》）は面白い経歴の持ち主で、豊富な人生体験を積み重ねることにより優れた航海知識と造船技術を身につけていた。それが、積極的な海外貿易を夢見る家康の心をとらえたのであろう。

一五六四年にイギリスのケント州ジリンガムに生まれたウィリアム・アダムスは、ロンドンに近い港町ライムハウスの造船所で一二年間船造りの徒弟《とてい》として過ごし、主に東インド航路で用いられる船の建造、修理にあたった。後にイギリス艦隊の船主（マスター）や航海士（パイロット）となり、一五八八年には無敵艦隊を敗ったドレーク艦隊に所属する補給艦リチャード・ダフィール号（一二〇トン、乗組員七〇人）の船長として活躍した。

その後ウィリアム・アダムスはオランダに渡り、一五九八年にロッテルダムの会社が組織した五隻からなる艦隊の旗鑑ホープ号の舵手《だしゅ》として大西洋を横断し、マゼラン海峡から太平洋に入った。その後艦隊の司令官が病死したことによる乗員の移動が行なわれ、リーフデ号に移ったのである。

そうした経歴から、彼は英語の外にオランダ語も話すことができた。家康は、後にウィリアム・アダムスに浦川に近い三浦半島の逸見《へみ》の地に二五〇石の所領、江戸日本橋に邸宅を与え、洋式船の建造にあたらせるとともに、浦川に外国船を呼び寄せる際の外交顧問として優遇した。三浦按針の三浦は所領がある土地、「按針」は羅針盤《らしんばん》から転じて船の航行責任者の意味である。

一六〇一年六月、ヘススはマニラから平戸に戻り、伏見《ふしみ》で家康に謁見した。この時にヘススはタバコの膏薬《こうやく》とタバコの種を家康に献じた。それが、日本にもたらされた最初のタバコとされている。体調を崩していたヘススは、同年十月六日に京都で病没した。

スペインとの関係修復

一六〇三年、来日したフランシスコ会宣教師ソテロは家康に謁見し、イギリス人航海士ウィリアム・アダムスをフィリピンに派遣して外交関係の修復に当たらせるように提言した。その提言は家康の受け入れるところとなり、ウィリアム・アダムスは一六〇八年六月十五日にマニラでフィリピン総督ビベロに会い、サン・フェリペ号事件以後悪化していたスペインとの関係修復の交渉を進めた。ビベロは家康の要請を受け入れるのがフィリピンにとって有益と考え、同年七月九日、家康に交易の要請を受諾する旨の書簡を送っている。

書簡の内容は、「マニラに到着し、イスパニア国王の総督に就任しました際、わが国が貴国と古くから親しく交わっている旨の知らせを受け取りました。この長く続いた友好の絆を等閑《なおざり》にして、消滅若《も》しくは冷却させようなどつゆ考えておりません。ますます強力なものとすべく、懸命の努力をいたしましょう。……本年も昨年同様、船を一隻赴かせます。按針に対し、関東に入港すべきことを命じ、更に逆風のため航行できない場合には、按針の判断により、日本全国は陛下の統治の下にあるので、どの港に入っても不都合ない旨、明らかにしておきました。この船の船長及び船員を好遇して頂けることは疑いませんが、同時に、貴国に住まい、陛下の恩恵により基盤作りに励んでおります兄弟（キリスト教徒）に対しても、同様好意をもって遇されんことを懇願いたします」と、航海条件が悪い時にはいかなる港にも入港を許可すること、寄港する商船に対する保護と厚遇、在日キリシタンに対する好意を求めた。

徳川家康が浦川（浦賀）でのスペイン船との交易を求め、関東・東北の沿岸測量を許可したことで、スペイン人の日本近海の探検が可能になった。そうしたことから、スペイン宮廷では、北緯三七度線付近にあるとされる「金銀島」発見の意欲が一挙に高まった。日本沿岸の測量が許されるのならば、ガレオン船が方向を転ずる海域に存在すると噂されている金銀島の探索も可能になる。金銀島の探索事業は、一挙に現実味を帯びてくることになった。

前フィリピン総督ビベロと家康との貿易交渉

前フィリピン総督の漂着

一六〇九（慶長《けいちょう》十四）年七月、マニラからメキシコに向かう途中のサン・フランシスコ号、サン・アンドレス号、サンタ・アンナ号の三隻が日本近海で激しい暴風雨に遭遇した。三隻のうちサン・アンドレス号は嵐を乗り越えて何とかメキシコにたどり着いたが、サンタ・アンナ号は豊後海岸に漂着、船体修理のために一三日間滞留した後、メキシコに向かった。しかし、新総督に任務を引き継いでメキシコに帰任する途中の前フィリピン臨時総督ビベロが乗った一〇〇〇トン以上のガレオン船サン・フランシスコ号は、不運にも房総半島に漂着してしまう。

歴史の女神の気まぐれと言うべきなのか、徳川家康《とくがわいえやす》の申し入れに友好的に対処してきた前フィリピン総督ビベロが、突然に日本に漂着したのである。ビベロが乗ったサン・フランシスコ号は嵐の後に何とかして浦川（浦賀《うらが》）に入港しようと試みたものの強い黒潮を横切れず、房総半島の岩和田《いわわだ》海岸（現在の千葉県夷隅《いすみ》郡御宿《おんじゅく》町岩和田）の岩礁《がんしょう》に乗り上げてしまった。乗組員三百七十余名中の五六名が溺死《できし》するという悲惨な海難事件である。サン・フェリペ号が土佐《とさ》沖に漂着してから一三年後のことである。

ビベロは、一六〇六年にフィリピン総督アクーニャが死亡し、本国からの総督派遣が遅れていたために、臨時の総督としてメキシコからマニラに派遣された。一六〇九年新任総督シルバがマニラに着任したことから一六〇九年七月二十五日にマニラを出帆、アカプルコに戻る途中の遭難だったのである。

岩和田の村民は、荒れた海から突然目の前に現れた巨大な異国船の漂流民に心暖かく対処した。ビベロは、「彼らは大いに我らを哀れみ、婦人たちはひじょうに情深いので涙を流した。彼女たちは、進んで夫に向かってキモン（着物）と称する綿入れの衣服を我らに貸すように乞うたところ、彼らは私にそれを与え、一同にも多くの衣服を貸し与え、さらに彼らの食物を惜しげなく供給してくれた」と、救援に当たった村人に対する深い感謝の念を記している。

異国船が岩和田海岸に漂着したとの知らせを受けた大多喜《おおたき》城主、本多忠朝《ほんだただとも》は、漂着の三、四日後に三百余人の家臣たちを引き連れて岩和田に赴き、前フィリピン総督のビベロに衣服四襲《かさね》、刀一振《ふり》、牛、鶏、酒などを与え、乗組員全員に対する食料の提供を約束した。彼は、約束を遵守して漂着した乗組員一同の命を救った。

ビベロは本多忠朝の許可を得て、サン・フランシスコ号の船長セビコスに従者一名を付け、江戸幕府に遭難の報告に出向かせた。二〇日後江戸からの使者が岩和田に駆けつけ、乗組員のメキシコ帰国のために最大の便宜を図ることが約束され、ビベロに対しては江戸を経由して駿府《すんぷ》の徳川家康《とくがわいえやす》の下に赴くための通行証を与えた。この時に通訳の労をとったのが、幕府の使者と一緒に岩和田に赴いた三浦按針（ウィリアム・アダムス）だった。

ビベロと家康の交渉

徳川家康との駿府での会見の様子についてビベロは、次のように記している。

皇帝（家康を指す）は青色の天鵞絨（ビロード）の椅子に坐し、その左方およそ六歩のところに私のためにこれと少しも異るところのない椅子が備えてあった。皇帝の衣服は青色の光沢のある織物に銀でたくさんの星や半月を繡《ぬ》い出したものであった。腰には剣を帯び、頭には帽子とかほかの冠物などを冠らず、髪を組んで色紐で結んであった。彼は六十歳で中背の老人だった。尊敬すべき愉快な容貌であった。太子（秀忠を指す）のように色が黒くない。また彼よりも肥満していた。

（異国叢書『ドン・ロドリゴ日本見聞録』）

徳川家康は一六〇九年十二月二十日に伏見《ふしみ》城でビベロを引見し、通商のための交渉を行った。ビベロはスペイン人航海士に海岸線の測量を許可すること、関東の港での商館の建設、ポルトガル人が長崎で得ているのと同じ権利が認められることを求めた。他方銀の生産を上げるために、家康は五〇人のスペイン人の鉱山技術者のコロニーを作る請負《うけおい》契約を認め、スペイン人が精錬された銀全体の四分の一を獲得すること、鉱山技術者の集団は司祭一人が世話することを認め、その経費には王室が得る利益をあてることを認める協定書を承諾した。

セビーリャ市のインド文書館に残されている伏見でビベロが家康に提出した協定書には、

(1)　イスパニア人に対し、関東の港を与え、同所において荷揚げし、倉庫及び造船所を設け、また船及び艦隊の手当に必要な人を居住させ、キリスト教徒として教会を造り宣教師を置くことを、長崎において行った如く許可さるべきこと。

(2)　難破《なんぱ》したり、漂着したり、もしくは、特に同地を指して来るイスパニア及びフィリピンの船は、同港及び日本の他の港に入港してもよく、乗組員並びに積荷に少しの損害も蒙《こうむ》らず、好待遇を施《ほどこ》さるべきこと。

(3) このような船には、公正で適切な価格で糧食を供給し、また、船の建造に要する職人を当王国における現行賃金に従い充分供給すること。

(4) フィリピン及びヌエバ・エスパーニャ（メキシコ）と通商・取引を行えば、殿下と交渉の必要ある用件がいつも生ずるであろうから、主君ドン・フェリーペ王が、このために使節を遣わし宮廷に駐在させることを望む場合は、国王の使者に、その地位にふさわしい名誉と居館を与え、使節及び随員、さらに同行の司祭を保護し、居住する家屋及びキリスト教徒のための教会を与え、当王国（日本）の標準価格で、食糧その他の品物を調達できるようにし、また、イスパニア及びマニラの商品は、一括販売にも統制価格にも付すことなく、双方協定の価格で販売さるべきこと。

と記されている。

銀の新精錬法導入を求める

家康は、浦川での外国との貿易を盛んにするためには日本の主たる輸出品の銀の増産が欠かせないとして、新しい精錬法である水銀アマルガム法に深い関心を持っていた。一五五七年にメキシコのサカテカス銀山などで鉱石を水銀アマルガム法により精錬する方式が採られ、銀の産出が激増したことを聞き、深い関心を持ったのである。水銀アマルガム法とは、銀を含む土を細かく砕いて水銀と混ぜ合わせ、水を加えながら攪拌《かくはん》して比重の重い銀アマルガムを取り出し、それを金属製の蒸溜器《じょうりゅう》に入れ加熱し、水銀を蒸発させることで純度の高い銀を得る方法だった。水銀は回収すれば何回でも利用でき、この方法で純度の低い銀鉱石からも銀を精錬できたのである。

そこで家康は、銀山に水銀アマルガム法を伝えるための鉱夫の派遣についても具体的提案を行った。新たにスペイン鉱夫が発見した鉱山については、採掘に当たる鉱夫の取り分が二分の一、スペイン王の取り分が四分の一、家康の取り分が四分の一とされており、スペインに有利な内容だった。この条件が実効を持つことになれば新銀山の発見はスペインにとって大きな利益が見込めるものであり、スペイン王室が日本近海の金銀島を探索するための有利な条件が整えられたと言える。次節で述べるヴィスカイノの金島、銀島の発見の試みは、そうした状況下で取り組まれたのである。

協定書はスペイン人鉱夫の派遣は実現が困難であるが、四つの条件を前提に一〇〇人から二〇〇人の鉱夫の派遣を国王フェリペ三世に交渉するとしている。その条件とは以下のごとくである。

(1)　未開発の鉱山で、イスパニア人の技術と努力により発見された鉱山は、いずれも、採掘した銀の半分を鉱夫の取り分とし、他の半分を二分し、その一つを日本皇帝殿下の分、他の一つを主君ドン・フェリーペ王の分とすること。

(2)　すでに採掘に着手している鉱山については、その所有者とイスパニア人の間に、新たな契約を結ぶこと。もし水銀が必要な時は、それを運搬し、当地において正当な代価を受取り、精錬に使用してもよいこと。

(3)　各鉱山には、キリスト教徒鉱夫のための司祭を置き、ミサを挙げさせることが肝要であり、また、皇帝殿下のために諸税を徴収する者を同所に置き、同様に、主君ドン・フェリーペ王のために他の人を置くこと。

(4)　このキリスト教徒一同に対しては、イスパニア使節または鉱夫長、また、かの地より渡来の船においては、上級船員並びに聖職者が裁判権を有し刑罰を司ること。また、もし日本人がイスパニア人に危害を加えた場合、皇帝殿下が直ちに懲罰を命じ、一方、イスパニア人が日本人に危害を加えた場合、イスパニア人の長がみせしめに刑罰を加えること。

ビベロは、一六〇〇年に日本に来航したオランダ人をスペインに敵対する海賊であると非難し日本からの放逐《ほうちく》を求めたが、その要求だけは家康の容れるところにはならなかった。徳川家康は浦川（浦賀）に外国商船を呼び寄せて平戸、長崎に代わる国際貿易港とすること、スペイン人がメキシコで行っている水銀アマルガム法の精錬を導入して銀の産出額を一挙に増加させること、を考えていたのである。

浦川のメリット、デメリット

秀忠は、家康の意を体してスペイン人に浦川（浦賀）を開くことを認め、慶長十三年七月（一六〇八年八月）に港の入り口に、ルソンから来る商船の邪魔をすることは、重罪をもって禁止する、法令に反する者はいかなる者でも極刑に処す旨の高札《こうさつ》を掲げさせた。

家康は、本気で第二の長崎を三浦半島の突端につくろうと考えていたようで、オランダ人にも浦川寄港を求めた。一六一三年十月に平戸《ひらど》オランダ商館長ヘンドリック・ブルーワーが駿府で家康に謁見した際に、家康はオランダ船を浦川に寄港させるよう求めた。そこでヘンドリック・ブルーワーは浦川の実地検分を行い、浦川は平戸に勝《まさ》る港であるが、平戸にはすでに商館があり、領主との関係も良好なので商館を浦川に移転させるつもりのないことを、バタビアの東インド総督宛てに報告している。中国から遠く離れた浦川に商館を移すメリットは少なかったのである。

翌一六一四年に駿府に家康を訪問して通商許可を求めたイギリス東インド会社のジョン・セーリスも浦川のことを切り出されたようで、その日記に「浦川は優れた港で、船はテームズ川に面したロンドンと同様に、安全に船を係留《けいりゅう》することができ、港に至る航路も安全である。この港は日本の本土にあり、首都江戸から一四、五リーグ離れているに過ぎないので、イギリス船は平戸よりも浦川に回航する方がよいであろう。しかし、食料、新鮮な肉の供給はあまり豊富ではない。こうした点を除くならば、一切の点で浦川は勝っている」と記し、浦川（浦賀）を優れた港として評価している。

しかし、当時の航海技術では日本列島の東側に沿って伊豆《いず》大島から房総半島の沖合を犬吠埼の沖合に向かって流れる黒潮の強い流れを突っ切り三浦半島の浦川（浦賀）に入港するのは極めて困難だった。黒潮の流れは速く、船は房総沖まで流されてしまう場合が多かったのである。

ビベロの帰国

ビベロが搭乗したサン・フランシスコ号は座礁《ざしょう》により壊れてしまったため、メキシコに帰るための新しい船を探さなければならなかった。ビベロはスペイン船に乗って帰国することを望んだが船の調達は不可能であり、家康が前年にウィリアム・アダムス（三浦按針）に造らせ、隅田川《すみだ》に係留されていた一二〇トンの小型帆船をサン・ブェナベントゥーラ号と命名し、それに乗船してメキシコに帰還することになった。

一六一〇年八月一日、幕府はビベロの一行と京都・大坂の商人により編成され、田中勝介《たなかしょうすけ》を団長とする二二名からなる使節団を、小型帆船サン・ブェナベントゥーラ号でメキシコに送ることにし、浦川（浦賀）から出港させた。同船は一六一〇年十月二十七日にマタンチェル港に入り、十一月十三日にアカプルコ港に戻った。

サン・ブェナベントゥーラ号は、メキシコで買い取られた。田中勝介は、キリスト教に改宗してフランシスコ・デ・ベラスコという洗礼名を与えられている。

スペインとオランダを引き付けた金銀島

スペインの思惑と金銀島探索

スペインの金銀島探索の動き

一六世紀末、スペイン本国では日本近海を北上するマニラ・ガレオン貿易が軌道に乗るなかで、日本近海の金銀島への関心がにわかに高まった。ジパングを求めたコロンブスの情熱の蘇《よみがえ》りである。

スペインのマドリードの宮廷で金銀島の黄金熱をかき立てていたのは、著名な天文・地理学者として高い評価を得ていたコロネルだった。コロネルはマニラに長い間滞在した経歴の持ち主で、宮廷内でアジアの現場に精通する者としての高い評価を得ていた。コロネルは銀島の位置を北緯三五度、金島の位置を北緯二九度と定め、その実在の確実性を吹聴《ふいちょう》して回り、宮廷内に黄金幻想を撒き散らしていた。東アジアについての情報が乏しかった宮廷では、コロネルの主張が信頼度の高い現地情報に基礎をおくと見なされて金銀島への期待を強めたが、やがて期待は確信に変わった。それは宮廷の完全な思い込みだったのだが、かつてのコロンブスの例もあるではないか。社会や人間を動かすのは、熱気なのである。

金銀島は、現実面ではマニラ・ガレオン船の中継港としての利用も期待されていた。マニラ・ガレオン船の航路が北から東に転じる海域に両島があると見なされていたためである。マニラとアカプルコを結ぶ航海は長期間に及び、食料、飲料水の補給、船体の修理、乗組員の休養が必要だった。金銀島は、長途の航海の貴重な中継拠点として役に立つかもしれない。

金銀島を探検すべきとする声がいやがうえにも高まり、宮廷内での論争が繰り返された。ビベロは、金銀島の探検に対しては、「金島、銀島は想像の産物であり、誰も見た者はいない」として批判的だった。しかし、現場から遠いマドリードでは思い込みがいつの間にか熱気を帯びるようになっており、一石二鳥の探検事業であるとしてスペイン国王もすっかり乗り気になった。とにもかくにも、確かめてみるだけの価値はあるのではないか。国王は一六〇八年九月二十七日、金銀島の探検を認可する。

探検の主導権争い

金銀島の探検が日程に上ると、マニラ総督とメキシコ副王ベラスコの間に探検の主導権を巡る争いが起こった。マニラ側は、そもそも長期間マニラに滞在していたコロネルが説く探検なのだから彼が望むようにマニラで探検隊が組織されるべきであると主張し、メキシコ副王はマニラ・ガレオン貿易の主導権を握り続けるためにもメキシコ側から探検隊を派遣すべきであると主張した。

最初マドリードの宮廷で優位に立ったのは、コロネルが支持するフィリピン総督の側だった。フェリペ三世は一六〇九年五月十三日にフィリピン総督に探検を委ねることをメキシコ副王に命じる勅書《ちよくしよ》を出す。しかし、メキシコ副王は予算面の不備などをついて国王の再考を求め、ついに六月五日に最終的な判断を副王に委ねるという勅書を得た。金銀島の探検は、結局メキシコ副王に委ねられることになったのである。コロネルは激怒したが、結局押さえ込まれてしまった。

金銀島探索は、カリフォルニアの海岸線の測量ですでに実績をあげており、フィリピン諸島に向かうマニラ・ガレオン貿易の航路を何とか安定させたいと考えていた高齢の商人ヴィスカイノ（一五五〇?—一六一五）に委ねられた。日本に派遣されたヴィスカイノは、表向きは前フィリピン総督ビベロが無事メキシコに送還されたことへの答礼使節として派遣されたのだが、実際の目的は金銀島の探索にあった。名目上彼は、ビベロがメキシコに帰還する際に幕府から借用した四〇〇〇ペソの返却と、幕府に対する謝礼の手紙を届ける使節として派遣されたのである。しかし、高齢に達していたヴィスカイノは、金銀島の探検にはあまり熱心ではなかったようである。後にヴィスカイノの船に乗り組んだマルクス・シモンセンから情報を得たオランダ東インド会社の下級商務員フェルステーヘンの上申書は、「総督（ヴィスカイノ）は、老齢にもかかわらず、女を買い、遊ぶことにかけては途方もなく、このため、彼自身についてはもとより、何事にも注意を払わなかった」と手厳しい。物見遊山《ものみゆさん》気分だったというのである。

ヴィスカイノは、徳川家康《とくがわいえやす》が望んでいた浦川での貿易の基盤づくりを口実に関東から三陸にかけての沿海を測量し、安全な航路と寄港地の調査を進めた。たびたび強い暴風雨に襲われる日本近海を航行するガレオン船にとり、家康が与えた沿岸調査の許可は願ってもないことだったのである。

先の家康との協定書では、スペイン人が金鉱、銀鉱を見つけた場合、二分の一を鉱山で働く者の取り分とし、残りをスペイン国王と家康が折半する約束になっていた。金銀島が、日本から遠く離れた海洋にあれば儲《もう》け物だし、例え日本の沿岸にあったとしてもスペイン王は多くの富を手にできるのである。オランダ人はヴィスカイノが金銀島の探索を隠れた目的として日本に派遣されたのだと徳川家康に讒言《ざんげん》したが、それに対して家康は仮に金銀島が発見されても自領にあるのだから問題はないとして取り合わなかったと言う。金銀鉱山の発見は、家康にとっても望ましかったのである。

金銀島探索の顚末

ヴィスカイノは先に房総で難破したガレオン船と同名のサン・フランシスコ号に乗り、一六一一年三月二十二日にアカプルコを出帆した。『セバスティアン・ヴィスカイノ旅行航海報告書』は、表向きは日本人の送還と家康に対する表敬訪問を目的とする航海について、「そして、同探検行はアカプルコ港を解纜《かいらん》し、日本人をその国に送り返すという口実のもとに日本王国に直航して行うと合意し、決定された。日本人の送還、そして同国の王とその息《むすこ》、皇太子に同侯爵が派遣した使節の遂行が目的である。同国に到着すると、同国の海岸にあるエナンガサケ（長崎）から日本の端に当たるセスト岬までの港や湾、入江を（地図に）記入し、測量する許可を皇帝に求める。日本で越冬中に手続きを済ませ、ここで建造予定の小船を造る。春夏となり、皇帝と皇太子の使節に関する回答があれば、天候の許す限り、同公爵が一般命令書で指示し命じたことに従って金銀島発見を目的として出帆し、（発見に）向かうものである」と記している。

ヴィスカイノの航海に関しては多くの報告書が残されているが、ヴィスカイノの行程を整理してみると次のようになる。

一六一一年三月十一日　メキシコ市出発

三月二十二日　アカプルコ出港

五月一日　ラドロネス諸島に着く

六月八日　日本の「ふなが浜（久慈《くじ》が浜と推定される）」に着く

六月十～十七日　浦川（浦賀）滞在

六月十八～二十五日　江戸で秀忠《ひでただ》に謁見

六月二十五～二十九日　浦川滞在

六月二十九日～七月十九日　駿河《するが》への旅行、家康に謁見

七月二十日～十月六日　浦川、江戸に滞在

十月二十二日～十一月十五日　陸路、宇都宮《うつのみや》経由仙台に

十一月十五日　塩釜《しおがま》に着く

十一月十六、十七日　松島（海路）

十一月十八日〜十二月四日　沿岸の海岸線の画定
十二月八、九日　仙台滞在
十二月　仙台から水戸《みと》経由で江戸に帰還（陸路、海路）
一六一二年一月四日〜五月十三日まで　浦川滞在
五〜七月　都および大坂への旅行（陸路、海路）
七〜九月　江戸、浦川に滞在
九月十六日　浦川から出港、金銀島を探索する
十一月七日　浦川に戻る。その後五ヵ月間、江戸に滞在。
一六一三年十月二十七日　日本出港
十二月二十六日　メンドシノ岬に戻る

二年半以上かかったヴィスカイノ一行の日本への航海だったが、一行が日本に滞在したのは約二年間、駿河、仙台、京都・大坂などへの旅行と江戸、浦川の滞在に日程の大部分が割かれ、肝心の金銀島探索には二ヵ月も費やされなかった。金銀島の探索は、むなしく失敗に終わったのである。

伊達政宗の信任を得た宣教師

ヴィスカイノが各地を旅行している間に、フランシスコ会の宣教師ソテロは仙台で伊達《だて》政宗《まさむね》に謁見し、仙台領内でのキリスト教の布教を許可されていた。

ソテロと伊達政宗の出会いは、一六一〇（慶長《けいちょう》十五）年の江戸だった。政宗は、愛妾《あいしょう》の一人が病の床につき何人かの名医にかかっても回復しなかった時に、フランシスコ会の教会の隣に病院が併設されており、そこにペドゥロ修道士という万病を直すので有名な人物がいることを知った。政宗は、藁《わら》にもすがる思いで当時江戸修道院長だったソテロに愛妾の治療を依頼した。ペドゥロの投薬により愛妾の病が治ると、政宗はソテロに金・銀の延《の》べ棒《ぼう》、衣服、絹地を感謝の印として届けさせた。しかしソテロは宣教師は利益のために治療するのではなく隣人愛で治療をするのだと説いて、

図21　サンフランシスコ修道会宣教師，ソテロの肖像

政宗からの贈り物を受け取らなかった。政宗は、そうしたソテロの振る舞いに大きな感銘を受けたと言われる。

当時は九州、近畿ではキリシタン弾圧の嵐が吹き募っていたが、東北はまだ埒外《らちがい》におかれていた。宣教師ソテロは仙台領内でのキリスト教の布教を認められると、わずか一年間に一八〇〇人に洗礼を施したとされている。

ソテロはスペインのセビーリャの貴族の家に生まれ、ポルトガルのサラマンカ大学で神学を学び、在学中にサン・フランシスコ修道会に入会した。彼はメキシコ経由でマニラに渡って日本語を学んだ後、一六〇三年に日本に入国する。

伊達政宗のソテロに対する厚い信頼は、ヴィスカイノの仕事を側面から支援した。ヴィスカイノが日本沿海の測量、金銀島の探索の際に仙台を拠点にしたのは、そのためである。ヴィスカイノは、ソテロとの関係もあって政宗の厚遇を受けたのである。

発見できなかった金銀島

ヴィスカイノは一六一一年十二月に仙台から出発した海岸線の測量で、「二〇〇トンの舟が入港できる大塚、湊（石巻《いしのまき》）、小竹《こだけ》、月ノ浦《つきのうら》、小淵《こぶち》、石浜《いしはま》、（雄勝Uragi）、分の諸港、（北緯）三九度弱にある気仙沼《けせんぬま》の入江の五港、盛《さかり》、根白《こんぱく》の諸港を調査し測量した」とあるように、仙台藩の優れた港の有益な情報を入手した。

またヴィスカイノが釜石《かまいし》付近の根白で、土地の人から蝦夷《えぞ》に関する情報を得たことを『金銀島探検報告』は、「司令官は此処において山に住み猪皮の靴を履き領主に対しては甚だ従順ならざる土人につきて、北及び北西の方に到る路程何日を要すべきかを尋ねたり。彼等はさらに進んで二国あり、第一は南部《なんぶ》殿、又一は松前《まつまえ》殿の所領なり。土地甚だ広大にして三十日以内に国の終端に達することあたはず、また両国を過ぐれば海岸は西に転ずと言へり。彼等は磁針の四方すなはち北南東西を知りこれを使用す。また此国の端より高麗《こうらい》の端に到るまでの距離は短く六十レガ以内にして、韃靼《だったん》に到る前の海峡に大なる島あり、蝦夷と称し、生蕃の如き人民居住し、全身毛を生じただ目のみを露出せり。彼等は一年の一定期間すなはち七八月に日本に来り、魚類動物の皮其他交易品を持参し、綿其他彼の島に必要なる品を求むるの習慣なり。年中他の季節には此海峡を渡航するあたはず、暴風及び潮流船を転覆し難破せしむるが故なり」と記しており興味深い。

松前領の端から高麗までの距離が六〇レグア以内、韃靼《だったん》に至る海峡に蝦夷という大きな島があるなどの情報は、後にオランダ東インド会社が蝦夷地と韃靼海の探検に乗り出す際の貴重な情報となった。

しかし、ヴィスカイノが一六一二年九月から十一月までの間に行った肝心の金銀島探索は、無残な失敗に終わった。金銀島があるとされた北緯二九度から三五度の海域には茫洋《ぼうよう》とした海が広がるばかりで、島影は一向に見つからなかったのである。

『セバスティアン・ヴィスカイノ旅行航海報告書』は、金銀島の探索について、「天候が凪《な》ぎ、追い風を受けて、訓令に従って航海を続け、同月二十五日に件《くだん》の諸島の緯度に達した。二〇〇レグア以上航海していたが、海図ではその辺りが諸島の所在地という。ここで司令官は航海士と会議を開き、諸島発見のため適切ではないかと思われる努力をした。というのはその航海を進めても、島々の形跡さえ見つからなかったのだ。三四度まで緯度を下げてみることで合意し、そのようにした。天候がきわめて良好で見通しが良かった檣《しょう》頭《とう》や主檣《しゅしょう》帆に昼夜見張りを多数配置したが、陸の兆《きざ》しがあり大きな軽石がたくさん見えるなどしたものの、（島は）発見できなかった。……司令官は引き返し、そのためにあらゆる努力を惜しまぬこと、陛下のご意志を全うすることを命じた。諸島があるのかないのか分かるまではアカプルコに向かうつもりはなかった」と記している。

金銀島探索のために出港して一ヵ月経つか経たない十月十四日に、サン・フランシスコ号は二四時間も続く大暴風に遭遇する。暴風により船体を大きく破損させ半ば沈没しかかったサン・フランシスコ号は、ほうほうの体《てい》で浦川（浦賀）に帰着せざるを得なかった。そんな結果だったためにヴィスカイノの報告書も金銀島の探索については極めて簡略に記すのみであり、読むべき内容はない。金銀島の探索は、緒についただけで打ち切られてしまったのである。

政宗とスペイン人の利害

家康は熱心に浦川（浦賀）を国際貿易港にすべく画策したが、メキシコ副王は浦川での貿易にあまり期待を抱いてはいなかった。むしろ北に位置する仙台藩の諸港に、飲料水・新鮮な食料の補給港としての魅力を感じていたのである。

ヴィスカイノの協力者フランシスコ会の宣教師ソテロも、仙台を長崎と対抗するフランシスコ会の布教の拠点として確保し、イエズス会に対抗することを考えていた。仙台藩主、伊達政宗もメキシコとの貿易の可能性を模索しており、その点で仙台藩とスペイン人の利害が一致した。そこで、ソテロの勧めをいれて支倉常長《はせくらつねなが》を団長とする慶長遣欧使節団《けいちょうけんおうしせつだん》が派遣されることになる。

四十余名からなるヴィスカイノ使節団の一行は、一六一三年九月十五日の夜、伊達政宗がスペイン国王とローマ教皇の下に派遣する使節、支倉常長（六右衛門）の一行（慶長遣

図22　慶長遣欧使節団を率いた支倉常長の肖像（仙台市博物館所蔵）

欧使節団）百四十余名のために急遽《きゅうきょ》四五日間で建造した五〇〇ﾄﾝ級のガレオン船、サン・ファン・バウティスタ号に同乗し、月ノ浦港（宮城県石巻市月浦）を出港した。一行には宣教師のソテロも加わっていた。船の積み荷は、政宗、幕府からの進物と商人の荷物数百個だった。

サン・ファン・バウティスタ号は政宗の家臣秋保《あきう》頼重《よりしげ》と河東田《かとうだ》親顕《ちかあき》が奉行に任じられ、幕府の大工与十郎、水手《すいしゅ》頭二人が建造にあたったもので、横五間半、長さ一八間、二本マストのガレオン船だった。一六一四年一月二十五日に、サン・ファン・バウティスタ号は無事太平洋横断の航海を終えメキシコのアカプルコに入港した。ヴィスカイノはメキシコに戻った後、アカプルコ市長に任じられている。

遣欧使節団の目的

伊達政宗がメキシコ経由でヨーロッパに派遣した支倉常長を団長とする慶長遣欧使節団の目的は、①スペイン国王、ローマ教皇の支持を得てフランシスコ会宣教師の奥州派遣の約束を得ること、②日本にメキシコの金銀山で行われている採掘・精錬技術を導入すること、③メキシコとの通商を開始すること、だった。一方でサン・フランシスコ会宣教師ソテロの狙いは、イエズス会の長崎教区に対抗して仙台にフランシスコ会の教区を創設し、伊達政宗を後ろ盾として自らが司教の地位に就

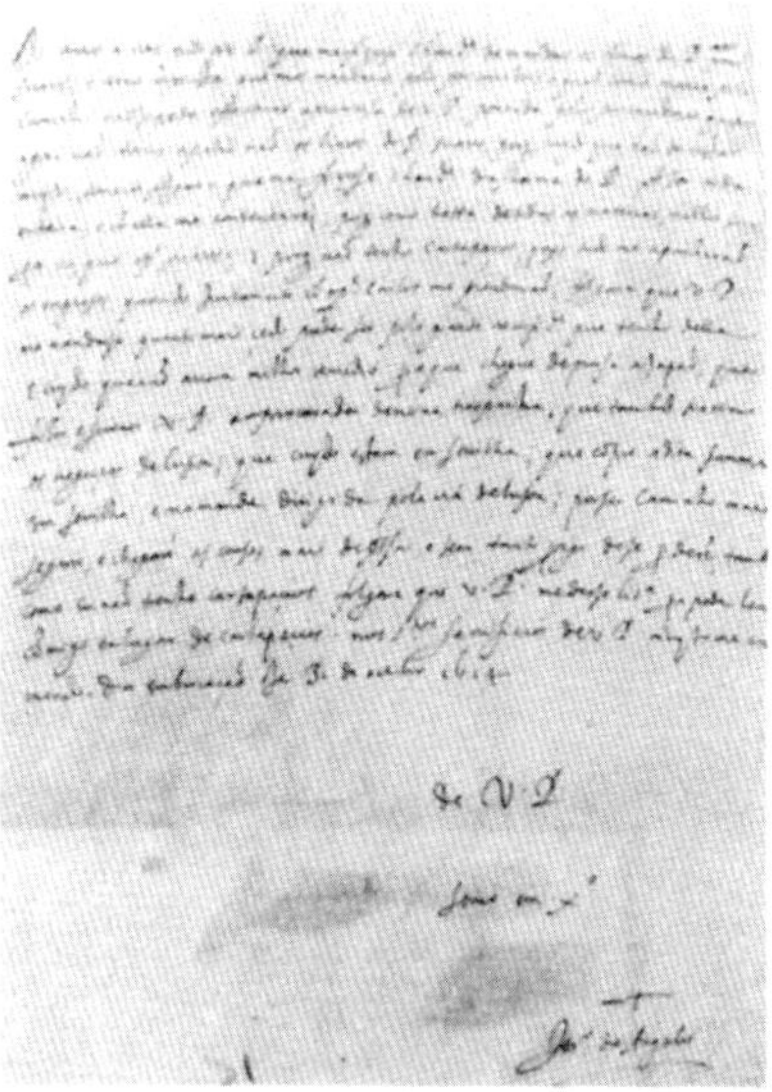

図23　イエズス会宣教師アンジェリスのイエズス会宛書簡
（イエズス会本部文書館所蔵）
「使節団の派遣を将軍（テンカドノ）が謀反とみなした」と記されている．

くことであった。

使節の支倉常長は、大西洋を渡り無事にマドリードでスペイン王フェリペ三世、ローマで教皇パウロ五世との謁見を果たした。支倉常長が携えた覚書は、日本とメキシコの間の貿易が行われるならば、次のような利益があると記していた。

一、マニラを経由する中国貿易は、金銀がその国に流れ込む惧《おそ》れがあるけれど、日本を経由すればその危険がない。日本には多量の銀が産出するからである。

二、スペイン本国からメキシコにおくられる毛織物類をはじめ、ヨーロッパ製の衣料や製革、葡萄《ぶどう》酒、乾葡萄その他の商品を日本におくれば高価に売ることが出来る。

三、ヨーロッパ商品の売上高を、絹、生糸その他の中国製品の買入れのために用い、こうして日本を経由して入手した中国商品を新スペインに運んで販売すれば二倍の利益をおさめることが出来る。（「シマンカス文書」大日本史料十二ノ十二）

使節を迎えたスペイン本国では、最初伊達政宗の要請を受け入れ、メキシコから日本に向けて一年に一隻のガレオン船を派遣する計画が立てられたが、フィリピンの反対で結局は沙汰止みになった。マニラの官吏や商人は、日本へのガレオン船の派遣はマニラが持つ貿易面の既得権を侵害すると考えたのである。

一六一五（元和《げんな》元）年の大坂夏の陣で豊臣氏を滅ぼして宿願を達成すると、翌一六一六年四月、大御所、家康は駿府で多彩な生涯を閉じた。当時関西で流行っていたテンプラを食べて体調をこわしたのが死因だったと言われる。言うまでもなく、テンプラはポルトガル人が日本にもたらしたハイカラな料理だった。

家康の死と対スペイン関係

家康のあとを継いで将軍となった秀忠は、同年八月八日に諸国に対して禁教と外国船の長崎、平戸回航、領内での外国船との商売の禁止、を内容とする貿易制限令を出した。浦川開港政策は放棄され、伊達政宗のノヴィスパン（ヌエバ・エスパーニャ、メキシコ）貿易の道も閉ざされた。家康の積極的な貿易政策は放棄されたのである。

支倉常長はメキシコ経由でマニラに戻り、一六二〇年にマニラから帰国の途についたが、その時期に日本の情勢は一変していた。家康没後の日本では、キリシタン弾圧が一挙に強化されたのである。高山右近《たかやまうこん》を始めとする多くのキリシタンがマニラに放逐されたのも、この頃だった。ちなみにバウティスタ号はマニラで売却され、常長はジャンクに乗って帰国したものの、帰国直後の一六二二年、病の床につき五二歳で人生の幕を下ろした。

同年、支倉常長の使節団と行動を共にした宣教師ソテロは、マニラから薩摩への潜入を図ったものの捕らえられて大村藩の牢に繫がれ、一六二四年に大村の放虎原《ほうこばる》で火炙《ひあぶ》りの刑に処された。時に四九歳だった。仙台にフランシスコ会の本拠地を築こうとしたソテロの企ても泡粒のごとく潰《つい》え去ったのである。

幕府は、一六二三年にフィリピンから派遣されてきた使節が将軍に謁見するのを許さず、マニラ政庁に対して関係を一切断絶する旨の意向を伝えた。フィリピンとの通商断絶に踏み切ったのである。

金銀島に着目したオランダ東インド会社

オランダの東アジア進出

一七世紀、ヨーロッパの新興勢力オランダが東アジア海域に進出した。キリスト教の布教と経済活動を切り離す新勢力の登場だった。オランダの動向を概観してみると、次のようになる。

一六〇二年、特許会社の東インド会社（V・O・C）が設立され、オランダ人が対日貿易を開始する。それ以降、オランダ船はマカオと長崎を結ぶポルトガル船の交易を妨害しながら、東アジアにおける貿易ルートの開拓を目指した。一六〇九（慶長《けいちょう》十四）年、オランダ人は徳川幕府から通航免許の朱印状《しゅいんじょう》を下付《かふ》されて正式に対日貿易を開始し、平戸《ひらど》に商館を設置する。

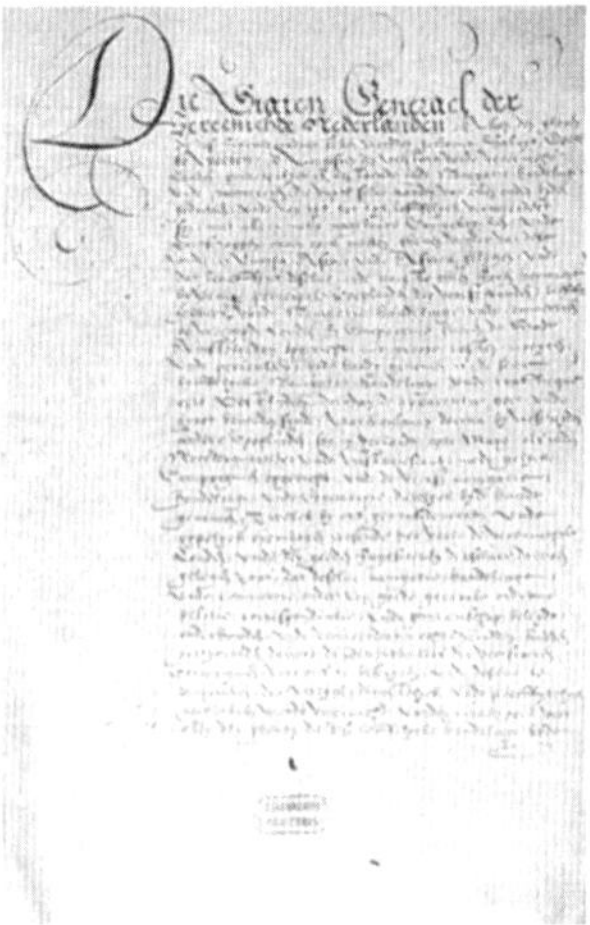

Die Staten Generael der Vereenichde Nederlanden

図24　東インド会社の特許状

図25　オランダ・アムステルダムの商船

一六一二年には、オランダ船司令官ヘンドリック・ブルーワーがポルトガル・スペインのキリシタン布教と軍事侵略を訴える国書を持参して徳川家康と会見。家康はオランダ船に対し、日本からパタニ（シャム）、バンタム（ジャワ）への渡航を認める朱印状を与えた。一六一四（寛永《かんえい》元）年には、パタニからの二隻のオランダ船が平戸に入港することになる。

一六一五（元和《げんな》元）年、オランダはポルトガル領モルッカ諸島を占領して東南アジア貿易の主導権を奪い取り、日本とマカオを結ぶポルトガル貿易を妨害した。一六一六年一月三十一日、長崎奉行《ぶぎょう》長谷川《はせがわ》権六《ごんろく》が、将軍がマカオのポルトガル船に多額の投資をしているのでポルトガル船の交易の妨害をしないようにオランダ人に警告を発している。しかし、この年には一隻のポルトガル船も長崎に入港しなかった。

一六一七年から一六二四年にかけて、オランダ東インド会社は①ポルトガル船のマカオと長崎を結ぶ貿易ルート、②マニラと福建の諸港を結ぶ貿易ルート、に楔を打ち込むため、マカオ―長崎、マニラ―福建の航路の十字路に位置する台湾海峡の制圧を目指した。一六一七年、オランダ船が台湾海峡に面する福建沿岸の諸港を攻撃、一六二二年、コルネリス・ライエルセンが率いる一六隻のオランダ艦が東インド総督の命を受けたマカオ攻撃に失敗すると、方向を変えて台湾海峡の澎湖《ほうこ》諸島を占領した。ところが明はオランダ艦隊の澎湖諸島の占領を認めず、一六二二〜一六二四年までの間オランダ艦隊と明軍の戦闘が続く。一六二四年になるとオランダ艦隊は澎湖諸島から撤退し、台湾の安平《あんぺい》（現在の台南《たいなん》市西方）にゼーランディア城を築城して台湾海峡を掌握することになった。

一六二八年四月二十四日、台湾で末次平蔵《すえつぐへいぞう》が所有する朱印船二隻が長官ヌイツにより抑《よく》留《りゅう》され、船長浜田弥兵衛《はまだやひょうえ》との間に紛争が起こった。五月二十八日、弥兵衛はゼーランディア城を襲い、オランダ船、オランダ人を連行して長崎に戻った。報を受けた幕府は、オランダ東インド会社による朱印船抑留の報復措置として平戸オランダ商館を閉鎖し、オランダ船四隻を拘留《こうりゅう》した。こうした動きはオランダにとり、決して望ましい動きではなかった。そこで一六二九年にオランダの使節ヤンスゾーンが平戸に派遣され、交渉の結果一六三二年には通商が再開されることになった。

一六三三年、オランダ船の貿易が平戸一港に限定されて滞在期間が五〇日とされ、九月二十日までには抜錨《ばつびょう》しなければならないと定められた。一六三五年には、七隻のオランダ船が長崎に入港している。一六〇九年に平戸オランダ商館が開設されてから一六三三年までの二十数年間の激動を経て、オランダがポルトガル、スペインに代わって対日貿易を主導する体制が整ったのである。

オランダ人が貿易品として重視したのも、やはり日本の安価な銀だった。オランダ船は、生糸などと共に中国の金を日本に輸出し、安い銀を購入することで利益を上げた。「黄金の国」ジパングのイメージは、オランダ人にとっても希薄だったのである。

オランダも求めた安い銀

一六三五年一月付けの平戸オランダ商館長クーケバッケルの日本の商品需要について記した覚書に、明《みん》での仕入れ価格が、金五〇〇テールにつき一万五六七一グルテン三ストイフェル、日本での売却価格が、金五〇〇テールにつき二万三一二グルテン一〇ストイフェルと記されている。中国の金を日本で売ると、約三割の利益があったということになる。日本と明の価格差を利用して利ざやを稼げば、中国の金を日本に運ぶことでそこそこの利益があがると東インド会社が見なしていたことが分かる。

金銀島情報に着目

一六三五年、長崎在留の東インド会社、下級商務員ウイルレム・フェルステーヘンは、バタビアの東インド総督及び評議員に宛てて書簡を送り、「金銀島」の探検を建議した。スペインのヴィスカイノによる金銀島の探索が失敗に終わった一六一三年から、二〇年も経過した後でのことである。ヴィスカイノの探検が行われた頃、船乗りの口コミで金銀島情報はすでに長崎に流布していたが、その情報と長崎在住の旧サン・フランシスコ号の乗組員の情報をもとにフェルステーヘンが研究し、東インド総督に金銀島の探検を薦《すす》めたのである。ヴィスカイノの金銀島探索がアジア情勢に疎《うと》いスペイン本国の指示で行われたのに対して、オランダ東インド会社は長崎の現地情報に基づいて探索に着手するという点で大きな違いがあった。東インド総督ファン・ディーメンは建議を取り上げ、探検の組織化に取り組むことになった。

なぜオランダが唐突に金銀島の探索に取り組むようになったのかは、大きな謎である。この時期、東アジア世界は新たな変動期にさしかかっており、日本ではキリシタン弾圧の嵐が吹き募って、興隆《こうりゅう》期にあったオランダの対日貿易も先が読めなかったことは事実である。東アジア世界全体を見通すと、明帝国の衰亡と東北部からの清《しん》の興隆があった。オランダ東インド会社は新たな金銀島の発見だけではなく、勃興する清とかつての大モンゴル帝国を重ね合わせ、タルタリアに至る韃靼《だったん》海の探検にも、大きな価値を見いだしていたのである。またかすかに漏れ聞こえてくる蝦夷《えぞち》地の砂金ラッシュの情報も、要因として働いていたのではなかったかと推測される。もしかしたら金銀島は、ヴィスカイノが探検した海域のもっと北方にあるのかもしれないと、オランダ東インド会社は考えていたようである。

長崎での金銀島の伝承

オランダ東インド会社がフェルステーヘンからどのような情報を得たのかについて、考えてみることにする。小葉田淳氏の『日本と金銀島』は、以下のように東インド総督宛の書簡の金銀島に関する記述を紹介している。

余程以前に交易のためマニラを出てノバ・イスパニヤ（メキシコ）に向った一船が、南海にて三七度半、日本の東、陸地より三八〇乃至《ないし》九〇哩《マイル》（スペイン哩）の地点で猛烈なる嵐に遭遇し、マストを失い引返すか、或《あるい》は最近の島に避難する必要に迫られた。嵐が幾らか静まって遠退いた時に速風で晴れて、倖《さいわい》に或《あ》る大なる高く聳《そび》えた島を望み、彼等は尠《すくな》からざる喜悦《きえつ》を感じた。航路を真直に其処《そこ》に向けて、上陸してみると、島は未見の土地で誰も知る者はなかった。

土民は姿美にして色白く、容整うて愛嬌《あいきょう》よく、親切にして、交わるにこれ以上を望み得られざる程であった。暫時《ざんじ》にして此島が何処《どこ》も斯《か》くの如き状態なるを知ったるが、一本のマストを求めたる後、彼等の航海の続くるに決した。而《しか》して彼等は何《いず》れも太守或いは騎士として生活するにも事欠かざる如《ごと》に考えた程に満足した。猶この点に就《つ》いて、恰《あたか》も人々が金や銀を謂わば単に岸辺にて掬《すくい》上げる程で、否それのみならず彼等の鍋や其の他の炊事道具は金や銀で鋳作せられている。

金銀島に関して、オランダ人から得られた伝聞として『長崎夜話草《やわそう》』も次のような話を記録にとどめている。金銀島の話は「ジパング」伝説から離れて一人歩きを始め、長崎では日本人の間でもかなり知られていたようである。

寛永の頃にや、紅毛《こうもう》平戸へ入津《にゅうしん》の折から、本国より日本へ来らんとして大風に放たれ、南部の東海にてひとつの島を見付けて、水取《みずとり》に枝舟《えだぶね》より上りけるに、其島の砂石みな黄金なりければ、多く船に取つみて、船を出さんとするに、舟かつて動く事なく、さまざま力をつくして出なんとすれど、舟はうかみながら少も動《うご》かず、日も既に暮れなんとすれば、是はいかさま此島の神の惜み給ふならんと恐れおもへば、取たる砂石を皆海に捨ける時、舟うかみ出て本船にかへりぬ。扠是《さてこれ》より平戸へ到りて、河内浦といふ所に荷物などおろしけるに、其船底に右の金砂のこぼれたるが有しを、水主《かこ》共ひろひとりて、酒にかへて飲みけるとかや、其黄金を所の者とも脇指《わきざし》の具に用ひたるよし、其折から見たる者の物語に聞し、世界の図に日本の東海に金銀島ありとは、此島ならん。

ヴィスカイノが依拠した金銀島情報はポルトガル船がもたらしたことになっており、フェルステーヘンの書簡ではスペイン船がもたらしたことに、『長崎夜話草』では紅毛人

ろ
(オランダ人)の端艇《たんてい》がもたらしたとなっている。島の発見者が次々に変化して行くところに金銀島伝説のあいまいさがある。

北方の金銀島

フェルステーヘンは、スペインのヴィスカイノの探索が短期間で打ち切りを余儀なくされ実質的探索がなされなかったことを強調したが、オランダ東インド会社は東アジア海域全体を視野に入れて新たなビジネスチャンスを求めていた。ポルトガル人の時代に代わるオランダ人の時代が到来していたのである。

新情報としてフェルステーヘン報告に付加された可能性があるのは、蝦夷地におけるゴールドラッシュと蝦夷地を初めとする北の海域に関する地理的情報だった。次章で述べるが、蝦夷地では一七世紀初頭に突如ゴールドラッシュが起こって多くのキリシタンが金掘り人夫として赴いており、蝦夷地に赴いた宣教師アンジェリスの手で蝦夷地情報がもたらされていたのである。

多くキリシタンが砂金掘りとして蝦夷地に移り住んだのは一六〇八年以降のことだったが、一六三〇年代には松前藩の直轄地に限定されていた砂金採掘地が、東蝦夷地、西蝦夷地へと拡大し始めていた。北方に金銀島があるのかも知れない、あるいは蝦夷地こそが金銀島かもしれないという期待が、オランダ人の心を捕らえていた。本州の東方海域だけではなく、北方の海域に莫大な富が眠っているのではないかと考えるようになったのである。

そうしたオランダ人の判断は、一六四三年に東インド総督ディーメンがフリースの指揮する探検隊に、韃靼《だったん》海における航路の探索と蝦夷地の探検を命じていることからも推測できる。

蝦夷島のゴールドラッシュ

蝦夷島を襲った砂金ブーム

一七世紀初頭、徳川家康《とくがわいえやす》は日本全国で黄金の発掘を進めた。そうした動きの中で蝦夷地《えぞち》の黄金伝説も新たに着目され、やがて蝦夷地のゴールドラッシュが始まることになる。

蠣崎氏による蝦夷地支配

蝦夷地が蠣崎《かきざき》氏の支配下に置かれたのは一六世紀末であり、直轄地は道南のごく一部分に限られていた。蠣崎氏が蝦夷地の支配権を認められるようになった経緯は、以下のごとくである。

一五九〇（天正《てんしょう》十八）年、松前《まつまえ》藩の祖、蠣崎慶広《よしひろ》が豊臣秀吉《とよとみひでよし》の奥羽《おうう》検地《けんち》の後に上洛し、聚楽第《じゅらくてい》で謁見した。豊臣秀吉は慶広が語る珍しい蝦夷ヶ島の話に興味を示し、遠路はるば

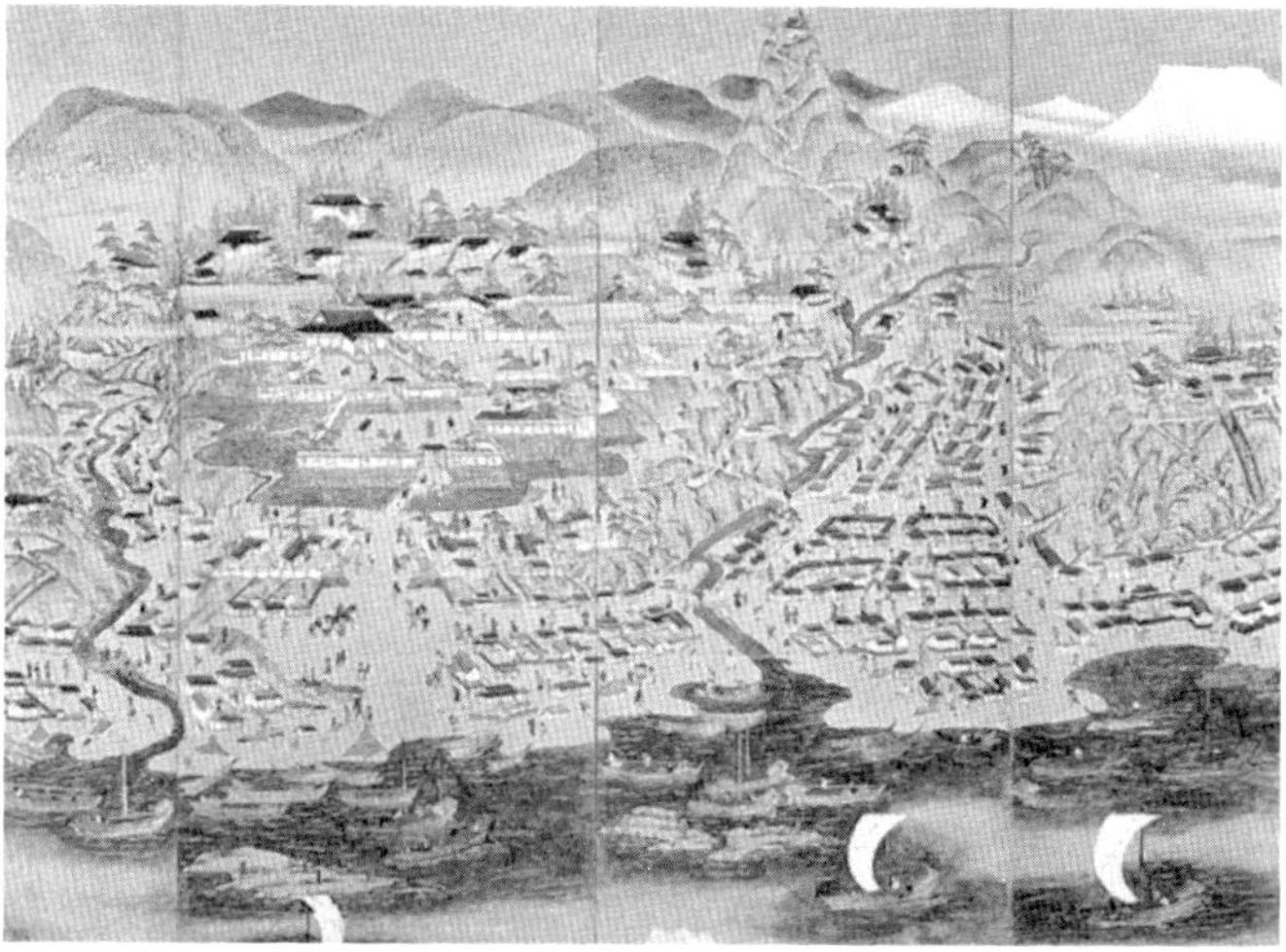

図26　松前の風景（松前町郷土資料館所蔵）

る赴いた労をねぎらって五〇石を与えた。翌年二月の帰郷に際しては時服《じふく》、銀子《ぎんす》を賜り、実質的に大名として遇することにしたとされる。一五九三（文禄《ぶんろく》二）年、慶広は朝鮮出兵（文禄の役）で肥前名護《ひぜんなご》屋《や》に出陣していた豊臣秀吉に再度拝謁して志摩守《しまのかみ》に任じられ、蝦夷島主として認める旨の朱印状《しゅいんじょう》を与えられた。

秀吉の死の翌年の一五九九（慶長《けいちょう》四）年冬、慶広は大坂城で徳川家康に謁見して「蝦夷島地図」、「家譜《かふ》」を献上し、姓を松前に改めた。一六〇四年正月、家康は「黒印の制書」を授け、蝦夷地での交易独占権を慶広に与えている。

松前藩は、福山《ふくやま》城を中心に東西各二五

里（東は亀田《かめだ》付近、西は熊石《くまいし》）を「和人地（あるいは松前地）」とし、和人の居住をこの地域に限り、亀田と熊石に番所を置いて取り締まることになった。その先は蝦夷地とされ、亀田から東が「東蝦夷地」、熊石から西が「西蝦夷地」とされた。蝦夷地では、「蝦夷は蝦夷次第」としてアイヌの伝統と慣行が尊重され、和人との間の摩擦が避けられた。

松前藩は蝦夷地の要所に「商場《あきないば》（場所）」を設け、藩主の「直領」と有力家臣の「知《ち》行《ぎょう》」に分けた。知行主（場所持ち）は年に一度船で商場に赴いてアイヌと交易し、松前で諸国から参集する商人にアイヌとの交易品を売却した。知行主である武士は、同時に商人だったのである。初期の松前藩の財政は、アイヌから得られた交易品の売却と砂金の採掘に依存した。しかし、初代の慶広は幕府の介入を恐れて砂金採掘には消極的で、本格的に砂金が掘り出されるようになったのは二代目の公広《きんひろ》の時期、一六一七（元和《げんな》三）年以降だった。

黄金に血眼になった秀吉

織田信長《おだのぶなが》以来、金・銀、銅銭は、鉄砲などの武器と兵糧を調達するための資金として積極的に活用された。そうした流儀は豊臣秀吉に引き継がれ、「黄金太閤《たいこう》」の異名を持つ秀吉も自ら豪奢な生活を行うとともに、各方面に「金銀くばり」を行うことで権力基盤を固めた。

山室恭子氏は、『黄金太閤』で、「天正一七年五月二〇日に同じく聚楽を舞台として演じられたのは、台の上に山のように積み上げられた金銀を参集《さんしゅう》した人々に順に配り与えるという、何とも直截《ちょくさい》的で芸のない、しかしそれだけに彼の気前のよさが強烈に印象づけられる出し物であった。当日聚楽に呼ばれて秀吉の手から金銀を押し戴いたのは三百人、六宮智仁のような皇族もいたが家康を筆頭《ひっとう》とする武家が主な対象であった。配られた金銀の総額は『太閤記』によれば金五千枚・銀三万枚、諸書もほぼ似たような数値を挙げているから、主催者側が発表した数字なのだろう」と、秀吉の派手な大盤《おおばん》振る舞いについて記している。

金と銀を権力基盤の一つと考えた秀吉は、金銀は公儀のものであると主張し、大名領で産する金銀も一時的に預けおくに過ぎないとして、金銀を自らの下に集める姿勢を貫いた。秀吉は、生野《いくの》銀山、多田《ただ》銀山を直轄下に置き、諸大名領の鉱山にも運上《うんじょう》を納めさせた。

家康と蝦夷地の黄金

家康は奢侈を嫌い質実な農業社会の建設を唱えたとされるが、実際には財政の充実を目指して貿易の振興、鉱山の開発を積極的に行い、金銀を専有する政策を秀吉から引き継いだ。家康は幕府財政の基盤を固め、貨幣制度の統一を実現するために石見《いわみ》銀山、生野銀山、佐渡《さど》金山、伊豆《いず》金山を幕府の直轄としている。

家康が特に力を注いだのは佐渡の相川《あいかわ》金山で、一六〇一年頃に大久保《おおくぼ》石見守長安《いわみのかみながやす》を起用し、流刑人《るけいにん》、無宿者《むしゅくもの》を金山労働者として集め、露頭より金鉱脈に沿って深く坑道を掘り進めた。佐渡金山、伊豆金山はかなりの量の金を産出し幕府財政の基盤を築く上で一定の役割を果たしている。やがて佐渡、伊豆の産金量が減少傾向を示すと、家康は諸国での鉱山開発を推し進め、主要鉱山の直轄化を図ることになる。

そうした中で、一三世紀初期に甲斐《かい》の荒木大学《あらきだいがく》が金掘り人八〇〇〇人と雑役夫《ざつえきふ》千余人を伴って、一三年間にわたり蝦夷地で大量の金を掘り出したという伝説が着目されることになった。その伝説とは、以下のようになる。

一一九一年に筑前《ちくぜん》の船が暴風雨にあって蝦夷地の知内《しりうち》に流され、薪《まき》を拾いに行った水夫が偶然にも金塊を発見した。その金塊はやがて同郷の荒木大学に献上され、荒木大学がさらにその金塊を将軍、源頼家《みなもとのよりいえ》に献上した。蝦夷地の黄金採掘に可能性を感じた荒木大学は、多数の金掘人を率いて蝦夷地に渡り、知内川流域に山城を築いて黄金の採掘に当たったった。しかしアイヌに襲撃され、全員が殺害されてしまった。

一六〇八年、家康は佐渡奉行《さどぶぎょう》大久保石見守長安に命じて、金山を調査する「鉱山師」

を松前に派遣した。それに対して幕府の蝦夷地への介入を恐れた藩主、蠣崎慶広は、食料が乏しく鉱山の維持が難しいことを口実に、金山開発を拒んだ。

砂金掘りに赴くキリシタン

一六一六（元和《げんな》二）年に蠣崎慶広《かきざきよしひろ》が世を去り若い公広《きんひろ》が二代藩主の地位を継ぐと藩の方針が改められ、知内《しりうち》川流域で黄金の採掘が開始された。黄金の採掘により藩財政を支えなければならない、という判断が働いたのである。

松前藩のキリシタン

一六一七年、出羽《でわ》、仙台《せんだい》などから経験豊かな砂金《さきん》掘りが集められ、知内川流域と千軒岳《せんげんだけ》山麓で多くの砂金田の開発が進められた。千軒岳を中心とする知内川・厚沢部《あつさぶ》川周辺で砂金が掘り進められたが、なかでも知内川流域が中心だった。

松前《まつまえ》藩からの手形を得るだけで簡単に採掘が許可されたことから、一挙に砂金採掘熱は広まっていった。一攫千金を目指す人々が奥州《おうしゅう》から松前へと押し寄せたのである。しかし、砂金を掘り出すには多くの働き手が必要である。そこで松前藩は、それまでの蝦夷地《えぞち》への移入規制を大幅に緩和し移住を認めた。蝦夷地に赴けば、砂金掘りで一旗あげることができるという噂が急速に伝わり、多くの人々が松前を目指したのである。誇張はあろうが、イエズス会宣教師アンジェリスの報告では、八万人が蝦夷地での砂金の採掘に押し寄せたという。にわかに砂金掘りが、過熱化したのである。

そうした砂金掘り人夫の中には、折から厳しさを増すキリシタン弾圧を逃れるために東北、蝦夷地に赴いたキリシタンも数多く含まれていた。一六一七年、幕命により九州の諸大名が領内のキリシタン弾圧に踏み切り嵐のような弾圧が広がる中で、多くのキリシタンが蝦夷地に向かったのである。

一六二〇年蠣崎公広は砂金一〇〇両を幕府に献上し、幕府は砂金と金山を蠣崎公広に下賜した。それ以降松前藩は、公然と黄金の採掘を開始することになる。と言っても坑道を造って黄金を掘る「坑道掘り」ではなく、「流し掘り」という簡単な手法での砂金の採掘だった。

宣教師アンジェリス

蝦夷地でのこうした新しい動きに強い関心を持ったのが、イタリア人のイエズス会宣教師ジェロニモ・デ・アンジェリス（一五六八―一六二三）だった。アンジェリスは、一五六八年にシシリー島のエンナに生まれ、一八歳でイエズス会に入会、一六〇二（慶長《けいちょう》七）年に来日し一〇年間伏見《ふしみ》の修道院長として活躍した後、駿府《すんぷ》、江戸に活動の場を広げ、一六一三年末にキリシタン禁令が出された後は、キリシタン武士後藤寿庵《ごとうじゅあん》を頼って、寿庵の知行地《ちぎょうち》の見分《みわけ》（岩手県水沢市）に赴いた。彼は秋田、出羽、南部《なんぶ》、津軽《つがる》に追放され、あるいは逃亡したキリシタンのためにミサを行い、越後《えちご》、佐渡《さど》、越前《えちぜん》、能登《のと》にまで足を伸ばして布教を行っていた。

アンジェリスは津軽滞在中に多くのキリシタンが蝦夷地の砂金掘りに赴いているのを知ると、信徒を慰めるため商人に扮装して、一六一八年と一六二一年の二度にわたり蝦夷地に渡った。アンジェリスが蝦夷地に渡った目的は、蝦夷地におけるキリシタン布教の可能性の探求と、蝦夷地の地理的情報の収集だった。当時のポルトガル人はアジアの交易をイギリス船、オランダ船により妨害されており、新交易ルート模索の最中だったのである。

一六二〇年にはアンジェリスの指示を受け、ポルトガル生まれのイエズス会士ディオゴ・カルヴァーリュも砂金掘りの人夫に変装して出羽の久保田《くぼた》港から松前に入った。彼は、一五七八年にポルトガルの学都コインブラに生まれ、一六歳でイエズス会に入会。一六〇九年に九州の天草《あまくさ》に至り一年間日本語を学んだ後、京都、大坂で布教活動を行ったものの、一六一四年にマカオに追放された。その後、一六一六年に船乗りに姿を変えて再度の日本潜入に成功すると、仙台を中心に布教を行いアンジェリスの協力者となっていた。

イエズス会士が伝える砂金採掘

カルヴァーリュは一六二〇年と二二年の二回、金掘り人夫に扮《ふん》しキリシタンの人夫に紛《まぎ》れて松前に渡り、蠣崎友広《ともひろ》と蠣崎宗儀を金山奉行、仙台の喜介を山師《やまし》として行われていた千軒岳の砂金採掘現場に入り、ミサを行った。

彼は、砂金掘りの様子を、「金採取に当たり金掘り等が驚く程多数の集団をなして前記の河川に赴き河流を他の場所に変え、次に河底に残った砂を河床の下にある大きな石や岩石に突当たるまで掘下げる。しかして砂中にあるこれらの岩石の孔《あな》や裂目の中に金を見出す。金は海岸の小石の様に非常に純良である。かような場所に金があるのは、金はその産出された山から分離し出で、河流によって運び出されるものの、その重量のために砂中に

め り込み、岩石の割目裂目に入るが、最早それ以上には下に沈むことが出来ず、そこに留まるからである」と記し、川を堰《せ》き止めて流れを変え、干上《ひあ》がった川底の石や土砂を運びだし、大小の岩石の穴や裂け目に沈殿している純度の高い砂金を採取するかなり大掛かりな採取法が採られていたことを指摘している。こうした大掛かりな採取法の外に、小人数で行われる簡単な「流し掘り（小流し）」も併用されていた。

そもそも「千軒岳」という山の名前自体が多くの砂金掘りが掘建《ほった》て小屋を建て、一大郷をなしたことに由来するとされる（『松前志』）ことからも分かるように、千軒岳では組織だった大規模な砂金採掘がなされていたようである。砂金の採取は、見込みのありそうな一定の区域の採掘権を松前藩から運上金と引き換えに手にした山師が多くの金掘り人夫《にんぷ》を集め、川を堰き止める者、大石を掘り起こし運ぶ者、土砂を掘る者などの分担を決め組織的に砂金を掘り出すシステムになっていた。

松前藩は、砂金掘りから一人につき月一匁（約三・七五グラム）の運上を取り立てた。一年で一二匁（約四五グラム）になるが、当時の蝦夷地では小判一両が砂金八匁と交換された。盛時には採金人夫、一人が月に三〇匁（約一一二・五グラム）もの砂金を採取することができたとされ、一個六〇匁（約二二五グラム）という砂金の固まりが採取される場合もあったと言う。かなりの収益が見込めたのである。

しかし、松前のゴールドラッシュは、急速に終焉を迎えることになった。

砂金掘りキリシタンの弾圧

その理由は、キリシタン弾圧の強化とアイヌ蜂起《ほうき》であった。一六二〇年、仙台藩の伊達政宗《だてまさむね》がキリシタン弾圧の姿勢を明確にし、藩内の街道などにキリシタン禁令の制札を掲げると、会津《あいづ》、秋田、南部、津軽の各藩もキリシタン弾圧の姿勢を明確にし、奥州にもキリシタン弾圧の嵐が吹きすさぶことになった。宣教師アンジエリスも、一六二三年に捕らえられ、原主人《はらもんど》外の四七人の日本人信者とともに、十二月四日、品川の地蔵尊《じぞうそん》前で火炙《ひあぶ》りの刑に処された。

同年、ポルトガル人宣教師カルヴァーリュも六〇人の信者とともに捕らえられ、翌年の二月二十二日酷寒の仙台城下の広瀬《ひろせ》川で水責めの刑にあい殉教した。東北、蝦夷のキリシタンは、同じ年に二人の指導者を相次いで失ったのである。

しかし砂金掘りが藩財政の重要な柱になっていた松前藩では、砂金掘りのキリシタンに対しては当たらず障らずの政策をとり続けた。しばらくの平穏が続いたのである。ところが一六三七（寛永《かんえい》十四）年に島原《しまばら》の乱が起こると、状況が一変した。島原の乱は、もとはと言えば島原領主、松倉勝家《まつくらかついえ》の苛酷《かこく》な年貢の取り立てに起因する一揆《いっき》だったが、島原はか

図27　原城から出土した骨と十字架
（島原市教育委員会所蔵）

つてはキリシタン大名有馬《ありま》晴信《はるのぶ》の領地であった。そのために、九州諸大名の一二万四〇〇〇人の軍の攻撃に対して、天草《あまくさ》四郎《しろう》時貞《ときさだ》に率いられた三万七〇〇〇の一揆軍が原《はら》城に立て籠もり一六三八年二月まで持ちこたえた一揆を、幕府はキリシタン弾圧への抵抗と見なした。幕府は、翌一六三九年にキリシタンを厳禁するとともにポルトガル船の来航を全面的に禁止する鎖国令《さこくれい》を出す。松前藩もあいまいな政策を取り続けることができず、急遽キリシタンの取り締まりに転じた。

一六三九年八月、松前藩の捕吏の一隊が松前から二〇キロ離れた砂金掘り人夫の集落を急襲し、男女五〇人のキリシタンの首を刎《は》ねた。千軒岳を越えて逃亡した六人も石崎で捕らえられ斬首された。キリシタンの本拠地千軒岳にも捕吏《ほり》が差し向けられ、部落の中央のマリア観音寺《かんのんじ》の前に集まった信徒五〇人は、祈りを唱えながら首を刎ねられる。結局、一〇六人が殉教したことになる。

その翌年六月十二日、松前東部の内浦岳《うちうらだけ》（駒ヶ岳）が突然の大噴火を起こし、津浪が諸港を襲った。船百余隻が流され、和人、アイヌ七百余人が溺死したとされる。一時的に千軒岳の砂金採取は停滞した。

しかし砂金採取はやがて回復し、拡大の方向をたどった。西蝦夷地のシマコマキ（島小牧、島牧、一六二一年開採）、東蝦夷地のケノマイ（沙流）・シブチャリ（静内、共に一六三三年開採）、トカチ（十勝）、ウンベツ（運別、様似、一六三五年開採）、クンヌイ（国縫）・ユウバリ（夕張、寛永期）というように有望な産金地が次々に発見され、広い地域に広がったのである。

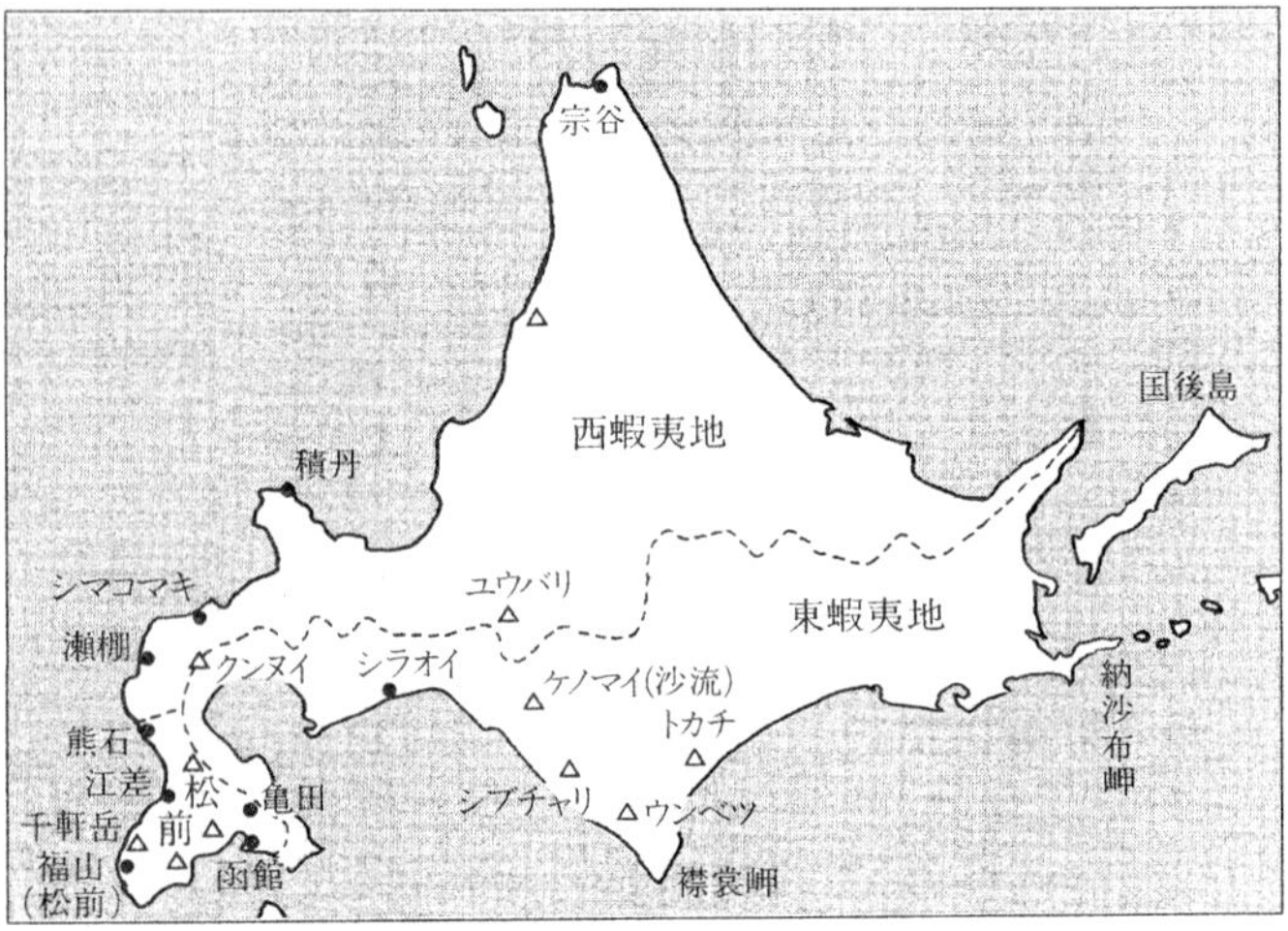

図28　松前藩の蝦夷地における金山

アイヌの蜂起

そうしたなかで、西蝦夷地のセタナイ（瀬棚）、シマコマキ（島牧）では、駒ヶ岳の大噴火による火山灰の降下、大量の砂金掘り人夫の進出で利別川《としべつ》の流域が荒らされて鮭《さけ》の遡《そ》上《じょう》も妨げられる程になり、和人に対するアイヌの不満が爆発した。一六四三年に、砂金掘りに反対するヘナウケが率いるアイヌの蜂起が起こっている。

そうした不穏な動きを孕《はら》みながら、一六六一（寛文《かんぶん》元）年には東蝦夷のシブチャリ、アブサカンベ（静内）での砂金採取のために、さらに佐渡からの金掘り人夫が多数入った。当時蝦夷地のアイヌは五つのグループに分かれていたが、アイヌは金や銀には全く興味を示さず砂金採取とは無関係だった。

砂金採取が広がり和人が川の上流を大規模に荒らすようになると、生活圏を荒らされたアイヌの怒りが強まった。砂金採取で川筋が変わり、川が汚染され、場合によっては鮭の産卵場所が失われるなどして、アイヌの生活が脅かされたのである。そうした中で、東は白糠《しらぬか》、西は増毛《ましけ》に至る広大な地域のアイヌが、反和人、反松前藩の大蜂起を起こすことになる。それが、近世最大のアイヌ蜂起とされるシャクシャインの蜂起（「寛文蝦夷蜂起」）だった。シャクシャインの蜂起の発端は、日高《ひだか》のビボク（新冠）からシラオイ（白老）を中心とするシュムウンクル集団とシブチャリから道東に至るメナシウンクル集団のイオル（狩猟場）を巡る争いだった。両者の抗争が長引くなかで、シュムウンクルは松前藩に武器、食料の支援を求めたものの拒否され、交渉に当たっていたアイヌが帰途「疱瘡《ほうそう》」にかかって死ぬという事件が起こった。

日高・シブチャリの首長シャクシャインは、それをアイヌを滅ぼそうとする松前藩の企《たくら》みであるとして檄《げき》を発し、一六六九年夏、西は増毛から東は白糠に至るまでの広い地域で和人に対するアイヌの蜂起が起こされた。商船の船頭、水主《かこ》、砂金掘り人夫、鷹の捕獲者など二七三人とも三五五人とも言われる和人が殺されたのである。

シャクシャインの蜂起の原因は複雑だが、蝦夷地への和人の進出、砂金採取による自然環境の破壊が大きな要因になったことは間違いない。金や銀に価値を認めず自然をカムイ（神）の世界として尊崇するアイヌにとり、砂金を採取するための自然の大規模破壊は断じて許せなかった。

シャクシャイン蜂起の報が福山に届くと住民の間に動揺が広がり、津軽、南部に逃れる者が続出した。松前藩の蝦夷地支配の基盤は、いまだ固まっていなかったのである。松前藩は砂金掘りの要衝《ようしょう》クンヌイ（国縫）を守備させ、アイヌ社会との境界、亀田、熊石に派兵した。津軽藩は幕命を受けて福山に出兵し、鉄砲、弾薬を松前藩に貸与する。南部、秋田の二藩も出兵の準備を命じられた。松前藩の軍勢の多くは、砂金掘りの人夫だった。

この蜂起に際し、文四郎という人物を中心とする「金掘共」（砂金掘り）が、アイヌ集団との調停にあたった。浪川健治氏によると、松前藩の金山《きんざん》奉行とアイヌの首長層の間に、アイヌの首長層と個人的なコネを持つ文四郎などが入り、秩序維持に当たる仕組みができていたと言う。

燃え広がる蜂起に手を焼いた松前藩はアイヌ側に和議を申し入れ、和議の酒盛りの最中にシャクシャインなど一一人を謀殺《ぼうさつ》することで、辛くも蜂起を鎮定した。幕府に厳重注意を受けた松前藩は砂金の採掘を停止し、和人が蝦夷地に入ることも禁止する措置をとらざるを得なかった。ここに、半世紀あまり続いてきた松前藩の砂金採掘はひとまず幕を下ろしたのである。

宣教師が伝えた東北アジアの新情報

アンジェリスの蝦夷地のイメージ

二度にわたり蝦夷地《えぞち》に渡ったイエズス会宣教師アンジェリスは、蝦夷地の「地図」を作製してイエズス会のミヤコ教区に蝦夷地情報を伝えた。日本語が巧みだったアンジェリスは、蝦夷地に移住した和人、松前《まつまえ》を訪れた日本語を話せる数人のアイヌなどから積極的に蝦夷地情報を収集した。当時は「カタイ」と呼ばれた東北アジアと蝦夷地の地理的関係が明確になっておらず、謎だったのである。

アンジェリスは最初に蝦夷地を訪れた時にはアイヌから、松前から蝦夷地の東端メシナ（東部地方）までは八〇日、西のテッソイ（一般には天塩《てしお》とされる）までは七〇日という情報を得て蝦夷地の広大さに驚き、蝦夷地をカタイにつながる半島ではないかと考え、テッソイは高麗《こうらい》またはその付近の国ではないかと類推していた。

「エゾの国はわれらの古い地図に描かれているような島ではなくて大陸である。西部はタルタリア（韃靼《だったん》）および中国と、東部はノヴァ・エスパニャ（アメリカ）と連続していて、東方へ伸びるエゾの先端とノヴァ・エスパニャの先端とのあいだに、われわれがアニヤン海峡と呼ぶ分界があるだけである。エゾは非常に大きな国である」というのが、彼の最初の結論である。

しかし一六二一（元和《げんな》七）年の松前渡航でテッソイ（天塩）の先に、馬さえも見えるような近い位置に陸地があるが、激しい海流があってアイヌの小船ではそこには渡れないという情報を得ると、タルタリア（韃靼）には大ハーンという強大な権力者がいるはずだが、蝦夷地にはそうした支配者は存在しないという点も考慮し、アンジェリスは蝦夷地をタルタリアに隣接する大きな島と考えるようになった。アンジェリスは、前年の調査を踏まえて書いた一六二二年の『蝦夷国《えぞこく》報告書』（同書は、一六二五年にローマ、次いでミラノと彼の故郷のシシリー島で出版された）で、蝦夷を島と見なす理由を以下のように記している。長くなるが引用すると、次のようになる。なお、この『蝦夷国報告書』は一六一九、一六二

○、一六二一年の日本からの通信を集めた『耶蘇会年報《やそかいねんぽう》』に付録として付されている。

第一の理由はこうである。蝦夷は東側は海に面している。同様にミナミ Minami の土地には——（これは南のことであるが）の側も海に面している。また西の方でテッソイ Tessoi の土地には——ここは蝦夷の最も端の岬であるが——非常に激しい海流があり、その向こう側には陸地があって、馬までも見える位接近している。しかし蝦夷人の中には彼処《あそこ》へ渡って見たいと思うものがあっても、この激流やまた次のことのために、それを敢行することが出来ないのである。すなわちその海の中には、日本にあるような非常に大きい頑丈な蘆《あし》が沢山生えて居り、それが強い激しい流れのために曲がって波の下に潜り、それから急にまた起き上がるのであるが、その為に、普通非常に小さい蝦夷人の舟が、覆されてしまうような大なる危険が起こるのである。

第二の理由として、蝦夷にはテンカドノ Tencadono（天下殿、将軍）すなわちその国全体を治め、かつ万民《ばんみん》が服従すべき総統治者も居ないし、又テンカドノに征服される前の日本の国にあったように、その国を分割して所有して居たと云う特殊の大統治者（大名）も居ないと云うことを挙げねばならぬ。もし蝦夷が韃靼に合併されて居たりまたはこれに隣接して居たものとすれば、かかる総統治者なるものについて、たとえそれに隷属していると云うことがなくとも、すくなくとも幾分知るところがあったであろう。また韃靼には大カン Gran Cane（大汗）と呼ばれ、万民を従えている総統治者なるものが居るのは周知のことである。ところが蝦夷では、各人は単に自己の家の主人であるか、或《あるい》は精々《せいぜい》小人数の使用人の主人でしかない。

蝦夷島の住民アイヌについて、アンジェリスは、「彼らは性格は単純であるが、善良である。強壮な身体をもち、大変に酒を好むが、理性を失うようなことは決してない。彼らは読み書きは全く知らないが、賢明であり、決して愚かではなく、そして貪欲《どんよく》ではない。砂金の採掘はもっぱら日本人で、すべての者が貪欲になったが、アイヌは決して砂金の採掘をしないのをみても貪欲ではない」と述べている。

一六二一年にアンジェリスが作製し『蝦夷国報告書』に付した蝦夷地の地図では、蝦夷島の中央部に巨大な山脈が東西に走り、その南に石狩《いしかり》川と天塩川を一緒にしたような大河が東西に島を横断している。蝦夷島の東端にはメナシ（Menaxi 東航路の終点の根室《ねむろ》地方）、西端にはテッソイ（Texxoi 西航路の終点の天塩地方）、南端には日本本土との窓口に当たるマツマイ（松前、Matsumai）が描かれている。アンジェリスが蝦夷島を東西に偏平な島として描いたのは、現地の人々が述べた松前を起点に東に向かう航路に沿った東蝦夷地、西に向かう航路に沿った西蝦夷地という情報を誤認した結果だったようである。伝聞により地図を書いたアンジェリスは、マツマイからテッソイ（Texxoi）に向かう航路が松前を出港後、直ちに北に舵《かじ》をとることを見落としており、東に向かう航路についても海岸線の具体的状況を把握するには至っていなかった。

交易品からみる蝦夷地

アイヌと松前の交易品についてアンジェリスは、干鮭、干鰊《にしん》、白鳥、鷹、鶴をあげ、メナシ地方のアイヌが高価なラッコの毛皮、テッソイのアイヌが良質の絹布《けんぷ》（山丹錦《さんたんにしき》）を運んで来るとしている。こうしたことから蝦夷島と中国東北部との交易関係は明らかであった。

アンジェリスの地図の蝦夷島は、テッセイ（天塩）の北の海峡を介して蝦夷島を包み込むように広がるタターリア（韃靼）と向かい合い、西の幅広い海峡（「オルテリウスの地図」のアニアン海峡）を挟んでアメリカ大陸と向かい合っている。

またカルヴァーリュも一六二〇年の報告書で、蝦夷地の西部地方から松前に来る蝦夷人は七四日も航海して上等の絹布（蝦夷錦）を松前殿（松前藩主）にもたらし、北東からの蝦夷人は六三日の航海を経てラッコの毛皮、生きた鷹、鶴、矢につける鷲の羽根をもたらすと記し、蝦夷地の北東はノバ・エスパーニア（アメリカ大陸）の対岸に位置すると推測している。アンジェリスとカルヴァーリュは、ジパングの北方海域に位置する蝦夷島とタターリア（韃靼）、ノヴァ・エスパーニャの地理的関係に新たな具体像を示したと言える。

ただ、当時のジパングの北方海域に関する情報は極めて乏しく、あいまいなイメージしか得られていなかった。その例として挙げられるのが、アジアとアメリカを隔てるとされたアニアン海峡である。アニアン海峡の存在は、一五六二年にイタリアの地図製作者G・ガスタルディの地図が、両大陸を隔てる海峡に面したアジア側にアニアン地方という地名を記し、一五六九年のメルカトールの「世界図」もそれにならっている。アンジェリスの地図もそれを踏襲した。

「アニアン」という海峡名のルーツはマルコ・ポーロの『東方見聞録《とうほうけんぶんろく》』に求められるが、その語源であろうとされる「アニウ」は、雲南《うんなん》地方の阿寧州であり、東方の海域とは全く無関係である。ただ「アニウ」についての記述の中に、「住民は偶像教徒で牧畜・農業に従事し、独自の言語を行使する。女は腕や足に高価な金環・銀環をはめている。男も同様であるが、女のものよりは一段とりっぱで高価な腕環・足環である」とあることから、注目されたのであろうか。現在、サハリン（樺太《からふと》）南部の大きな湾を「アニア湾」と呼ぶのは、アニアン海峡の名残であるとされる。

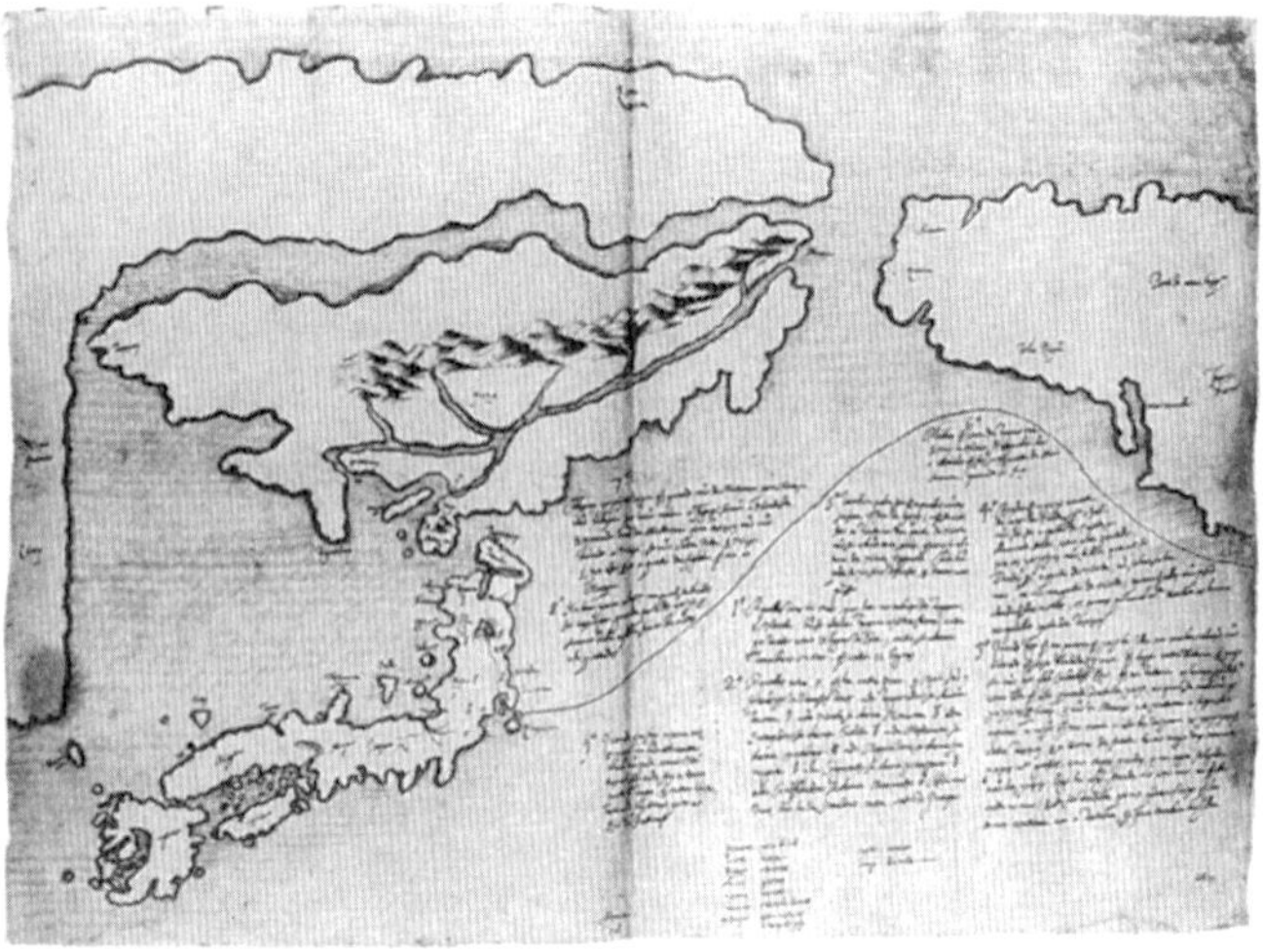

図29　アンジェリスの蝦夷島地図　1621年

アンジェリスの地図

アンジェリスが描いたとされる地図の原図は残っていない。ミヤコ（京都）教区のフランシスコ・パシェコ神父が秘書に模写させたとされる地図がイエズス会本部に保存されているだけである。それが、一般に知られる「アンジェリスの蝦夷島地図」ということになる。この地図には、一六一三（慶長《けいちょう》十八）年に伊達《だて》政宗《まさむね》がメキシコ経由でローマに派遣した使節、支倉常長《はせくらつねなが》が、月の浦からメキシコに向かった際の航路も記入されている。航海の起点となる場所には、当時の牡鹿《おしか》半島の呼び名、Tovoxima（遠島、とおしま）の文字が記入されている。

一六三〇年にポルトガル人アルベルナス・ヨアン・テェイシェイラ一世が編集した地図帳の「アジア図」には、北海道の実際の輪郭に近い形をしたYEZOが描かれている。同図とアンジェリスの蝦夷島の地図との間には、渡島《おしま》半島、内浦《うちうら》湾の表現に類縁関係が読み取れる。

海野《うんの》一隆《かずたか》氏の『地図に見る日本』は、オランダ船リーフデ号で豊後に漂着した後に徳川家康に仕えたウィリアム・アダムスが、一六〇九年に上総《かずさ》海岸で難破したスペイン船に乗っていたロドリゴ・デ・ヴィベロ・アベルサに対して、アストロラーベ（天測儀《てんそくぎ》）を携《たずさ》えて北緯四五度の地点まで航海したと述べていること、「アジア図」のYEZOの南部が四五度前後の緯度で描かれていることから、この地図がウィリアム・アダムスが航海で得た地理的情報を下敷きにしているのではないかとの推察を加えている。

アンジェリスの蝦夷島地図が、イエズス会本部にまで伝えられていたのは事実である。しかし、残念ながらどの程度アンジェリスの蝦夷地情報が長崎に伝えられていたのかは定かでない。しかしかつてのイエズス会の拠点、長崎に全く蝦夷地のゴールドラッシュの情報、ジパングの北方の海域情報が伝えられなかったとは考えにくい。蝦夷島情報が新たなイメージを育て、『東方見聞録』に記されたカンバリク（大都）という世界商業の中心地のイメージ、「黄金島」ジパングを投影させた金銀島の幻影が蘇《よみがえ》り、新しい対日貿易の担い手、オランダ人に強い刺激を与えたことは確かであろうと推測される。

カタイヤ周辺海域への関心を強めたオランダ

長崎の商館員の提言

アンジェリスの蝦夷地《えぞち》図が作製されてから約一〇年後、蝦夷島のゴールドラッシュがいまだ広がりをみせており、キリシタンの砂金《さきん》掘り人夫の殉《じゅん》教《きょう》事件が起る四年前の一六三五年十二月七日、長崎在住のオランダ東インド会社の下級商務員ウィルレム・フェルステーヘンは、東インド総督ブルーワーに書簡を送り金銀島探索の提言を行った。提言は、「これ（金銀島）は日本から三八〇—九〇〇ルマイ、最も遠くて四〇〇ルマイの、ちょうど北緯三十七度半のところにあり、ノヴァ・イスパニアからマニラへ、マニラからノヴァ・イスパニアへ向う船が何回か見ていると言われる。そしてこの島を見ても、ここに寄る命令を受けていないので、進路をはずれて行くことは出来ず、これが今まで知られていない原因となっている」（永積洋子訳）と、探検成功の確率の高さを指摘している。

フェルステーヘンの提言はヴィスカイノの乗船サン・フランシスコ号の乗組員で長崎に定住したマルクス・シモンセンからの情報、以前メキシコに移住したことのあるオランダ人ヴィンセント・ロメインがメキシコで耳にした金銀島情報に基づいていた。

ちなみにフェルステーヘンは一六三〇年代から平戸のオランダ商館に勤務し、出張員として長崎に滞在する下級商務員で、先にリーフデ号の乗組員として日本に渡り、長崎で長年貿易を行うことになったサントフォールトの娘と結婚して一子を設けていた。

北方海域への関心

ヴィスカイノの金銀島探索失敗の話は、別段新味《しんみ》があったわけではなかった。フェルステーヘンの提言を受けた東インド総督は東インド評議会にかけ、翌一六三六（寛永《かんえい》十三）年に平戸《ひらど》商館長クーケバッケルに調査を命じた。その際に、金銀島の探索と中国北部への航海を組み合わせることの可否を熟練の船長、操《そう》舵手《だしゅ》と相談するように指示している。蝦夷地がある北方海域への関心が強まっていたのである。

後に第二回の航海を行ったフリース艦隊に与えられた指令書によると、艦隊の目的は金銀島の探索、蝦夷地の探索、タルタリアに至る韃靼《だったん》海の探検となっており、総督ディーメンが日本列島北部、蝦夷島、北方海域にも強い関心を持っていたことが理解できる。

北の海域の金銀島（「ジパング」）に新たな照明が当てられた理由は、タターリアにおける清《しん》朝の興起、蝦夷島におけるゴールドラッシュ、アンジェリスがイエズス会に伝えた蝦夷地とカタイに関する新情報が、金銀島探索に新たな魅力を加えていたことが推測される。ちなみにフェルステーヘンは、一六四六（正保《しょうほう》三）年十月二十七日に長崎オランダ商館の商館長になっている。

オランダが金銀島の探険を決定した時期は、一六三三（寛永十）年の第一次鎖国令、一六三四（寛永十一）年の第二次鎖国令、一六三五（寛永十二）年五月二十八日の第三次鎖国令が出された直後であり、平戸、長崎での貿易は活発に行われていたものの、いまだ先が読めない状態にあったのである。

フェルステーヘンが長崎から平戸オランダ商館に寄せた一六三五年八月十六日の報告には、長崎奉行からポルトガル人に「武器を持って歩いてはならない。簡単な武器でも最高の罰を受ける」、「宣教師を連れて来ること、及び灰吹き銀、ソーマ銀（石見《いわみ》銀を指す）、刀、鉄砲の輸出禁止」などの告示が出され、「日本船、日本人の出帆は許されず、外国からも

図30　平戸オランダ商館（モンタヌス編『オランダ東インド会社遣日使節紀行』より）

帰れない。長崎に居住するシナ人も同様である」とあり、長崎貿易が行き詰まっていた状態が窺われる。

激化するキリシタン弾圧

一六三五年の十一月、十二月には全国六六ヵ国でキリシタンの厳しい調査が行われ、奥州では約八〇〇人のキリシタンとスペイン人宣教師が摘発された。同年十二月三十一日にクーケバッケルから東インド総督に宛てた書簡には、「全国でキリシタンの調査が行われているため、港から港への航行が難しくなっている。これは先月十九日に始まり、約四〇日間続いた。薩摩《さつま》では船が一隻《せき》も出入りできないため、これ以上樟脳《しょうのう》が送れない。他の領国、肥後《ひご》、唐津《からつ》、龍造寺《りゅうぞうじ》などの港の閉鎖は、ここにこれらの地方の主要な米の倉庫があるため、米の値段を日ごとに騰貴《とうき》させていることは、貴下が船荷状に見るとおりである」（『平戸オランダ商

館　イギリス商館日記　碧眼のみた近世』）と記されている。十二月十九日にはオランダ商館がある平戸港も警備船に閉鎖され、宣教師とキリシタンについての全戸調査がなされた。この年には、中国船を長崎にのみ寄港させる措置もとられた。

一六三六（寛永十三）年の第四次鎖国令で、ポルトガル人の子孫の国外追放が命ぜられた。またポルトガル人に対する取り締まりを強化する狙いで「ポルトガル人の宿、すなわち牢獄《ろうごく》」である人工埋め立て地が急ピッチで造られた。後の「出島《でじま》」である。

オランダ人の危機意識

一六三五年二月三―五日の『平戸オランダ商館の日記』は、長崎からのフェルステーヘンの書簡によるとして、「同地では毎日新しい仕事、すなわち石で海中に中洲《なかす》を作ることに忙しく、懸命に行われている。この中洲にはポルトガル人の居留する住宅が建てられるはずで、これは周囲を水で囲まれ、町との間を二つの橋でつなぐ。ここには番人が立ち、これらの人々は、夜はこの中に閉じ込められるのである」と「出島」の建設が急ピッチで進められていることを記している。出島は湾内の砂州《さす》を埋め立てて作った面積三九六九坪《つぼ》の扇形をした人工島で、一本の橋により長崎の町とつながれ、住人の出入りがチェックされた。

一六三六年九月二十一日のフェルステーヘンが出した書簡は、「ポルトガル人の宿主た

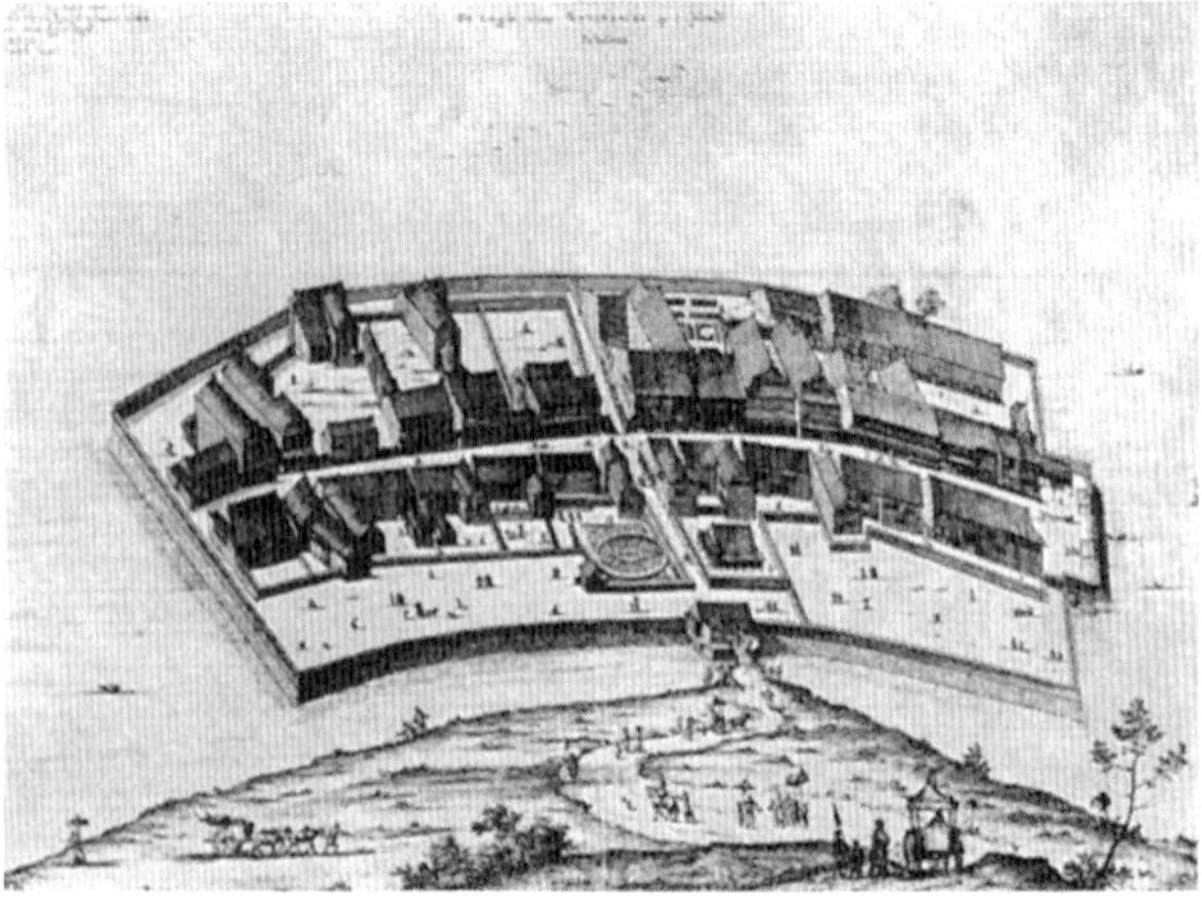

図31　長崎出島図　アムステルダム　1669年の銅版画

ちは、長崎の新しい牢獄（出島を指す）に入れられた。彼らは全部で二六人で、このうち一五人は生命を失う危険がある。この原因は『ポルトガル人から少ししか品物を買わないように』という長崎奉行の命令を（守ると誓って約束したにもかかわらず）守らないで違反し、ある人は一万テール、ある人は八千、七千、六千テールの利益を今季節風期に得たためである。そこで彼らはポルトガル人の家（出島）に閉じ込められている。同様に六八人が捕らえられており、この中には彼らの通詞《つうじ》もおり、上記の理由でたびたび水責めに逢った後、牢獄（出島）に投げ込まれている」と記している。

その後、島原《しまばら》の乱（一六三七—三八）を挟

んで、一六三九（寛永十六）年の第五次鎖国令でポルトガルとの断交が通告され、ポルトガル船が入港した場合には船を破却し乗組員を斬首《ざんしゅ》に処すと規定された。同年七月にオランダ人、中国人の貿易は認められたが、前者は平戸、後者は長崎のみに入港を制限された。幕府の通告に驚いたマカオは、一六四〇年に貿易の再開を求めるためにルイス・パエス・パチェコを使節として長崎に派遣したが、幕府は通告通りに船を長崎湾内で焼き払い、パチェコの一行六一人を西坂で斬首の刑に処した。

一六四〇年末になると平戸のオランダ商館が取り壊され、翌四一年にオランダ商館が、かつてポルトガル人のための「牢獄」として造られた長崎の出島に移転させられた。

このように見てくると、フェルステーヘンにより東インド総督ブルーワーに金銀島の情報が寄せられた一六三五年から第一次の探検隊が派遣された一六三九年の時期は、日本の「鎖国」体制が急速に整えられた激変期であり、オランダ東インド会社が置かれた状況も極めて不安定だったことが理解できる。先が読めない時期だったのである。東インド会社のアムステルダム本社はブルーワーからの報告を検討し、一六三八年九月に探検の命令を下した。

一六三九年、新総督ディーメンは本社の命を実行に移すために、マティス・ヘンドリックセン・クワスト、アベル・ヤンスゾーン・タスマンの指揮するフライト船エンゲル号、フラハト号の二隻からなる探検隊を組織した。

実行された金銀島の探索

『バタヴィア城日誌』は一六三六年六月一日の条に、「(商館長クーケバッケルは)また司令官マタイス・クワストおよび同地に在る諸船長および航海長等と協議し(東京〔トンキン〕貿易を遅延せしむることなくして実行し得べき時は)司令官クワストをして右グロルおよびワーテルローゼ・ウェルフェを率いて日本の東方約四〇〇マイル《ルマイ》、北緯三七度半にありと伝えらるる金銀に富みたる島を発見せしむる事」と、簡単に事実を記している。

韃靼《だったん》と朝鮮、金銀島探索の命を受けた二隻の船は六月二日にバタビアを出港し、ルソン島、小笠原諸島を経由して八月に日本列島の東方海上に至り、北緯四二度の辺りまで進み、東方に六〇〇マイル《ルマイ》進んで二ヵ月にわたり金銀島の丹念な探索を行った。しかし、島影は見いだせず乗組員の中に病死者が続出したため、調査は中断され、十一月二十四日に台湾のゼーランディア城に戻った。

この探検で艦隊司令官のクワストは金銀島の存在を全く信じなくなり、総督も探索を断念した。それに反してアムステルダムの十七人会は、一六四〇年に新たな探検を決議した。しかし、折からポルトガルからマラッカ、セイロンを奪う戦いの最中で艦船の調達が不可能であり、遠征計画は延期されることになった。

第二回遠征隊の派遣

東南アジア海域でのオランダの覇権が確立されると、東インド総督はフリースを司令官とする第二回の金銀島探索に乗り出すことになる。一六四三年二月二日付けのフリース宛の訓令には、東インド会社の積極的意図が明確に示されており興味深い。訓令は、まずタルタリエン（韃靼）と韃靼海の重要性を次のように指摘する。

信頼すべき地理学者、宇宙誌学者により、アジア大陸の中にタルタリエン（韃靼）もしくはタルタリアが（最大の国として）記されている。この国は、北は北極海、西はロシアとポーランド、南は黒海《こっかい》、カスピ海、陸地ではバクトリアナ及びインドに、東はシナ及びインドに、東はシナ及び未知の韃靼海に接している。……この広大な面積（ヨーロッパ全土より大きい）の中に、多数の大きな国、州、湖、砂漠などがある。特に、最も主要な部分の、北緯約五十度附近の温和な気候の所に、有名なカタイヤ王国が描かれている。これは韃靼王国の第一の州で、この王国の王子は、大きな首都カンバルに、その玉座を保っている。ここはすばらしい商業地として有名で、国内すなわち韃靼のさまざまな商品と国外のシナの商品とが、非常に大規模に取引されている。この東海岸は、非常に船が多いことと、この国から周辺の諸国、沿岸と、頻繁な交通があることで有名であるが、地球の端にあるため、これまでヨーロッパ人、東洋諸国、隣接するシナ人とさえ交通が開かれていず、隠され、遠くに隔離され、ほとんど世界の外にあるかのように考えられていた。

そうした認識を踏まえて訓令は、日本の北端の確認、蝦夷地に至る航路、蝦夷地と中国、韃靼との異同、蝦夷地が島であるか否か、韃靼の物産と交易状況などの調査を命じ、その帰路に金銀島を探索するように命じている。第二回探検の目的は、明らかに金銀島の探索から韃靼、カタイヤ、蝦夷の探検に重点が移っており、失敗に終わった第一回の探検より広い視野に立っていたことが分かる。

探索に期待したもの

訓令に述べられている「タルタリエン」、「タルタリア」はモンゴル帝国であり、「カタイヤ王国」は元帝国北部のかつて金が支配していた地域つまり、中国の北部地域を指す。カンバルは「カーンの都」を指すカンバリク（現在の北京）である。オランダ人にはカタイヤ王国、「カンバル」に対する正確な認識はなく、マルコ・ポーロの元帝国の帝都カンバリク（大都）のイメージを重ね合わせていたようである。

マルコ・ポーロの『東方見聞録《とうほうけんぶんろく》』はカンバリクの経済的繁栄について、「この首都で見受けられるほど珍奇高価な商品がもたらされてくる都市は、世界中捜してもほかにあるまい。そこでまずこれら珍奇高価な商品とはいったいどんな物かを説明しよう。宝石、真珠を筆頭《ひっとう》に、ありとあらゆる稀覯《きこう》の物貨がインドから将来されるし、カタイをはじめその他の諸地方に産する奢侈品もことごとくここにもたらされてくる。……カンバルックには世界中のどの都市に搬入される物貨よりもいっそう珍奇で高価な物品がより多量にもたらされ、売買される商品量も他の追随を許さないだけの巨額に達している。一例をあげれば、日々カンバルックには車一千輌に車載した絹糸が持ち込まれるが、それだけにカンバルックの住民がそれを材料として織造する金襴《きんらん》・絹布の量は莫大なのである」と記している。こうした巨大な商業都市と大交易圏のイメージに、オランダ人が強い関心を持ったのは当然だった。

東インド総督ディーメンは、第二回航海の司令官フリースに対し、次のような四つの具体的な航海指示を与えている。

(1) 日本東岸を北上して日本の北端を調べ、日本人が蝦夷と呼ぶ土地への航路を探り、蝦夷は中国又は韃靼と同じなのか、あるいは蝦夷は両国の間にある別の国、島なのかを確認すること。

(2) 北緯五〇度付近にある韃靼王国の第一の州カタイヤを発見するまで北西に進路を取る。探検の際に通過したすべての国、島、岬、湾、川、干潟《ひがた》、浅瀬、砂浜、岩礁《がんしょう》、下草などを完全に記録すること。カタイヤ王国の詳細な調査。特に首都カンバルの位置とそこへのルートを明らかにし、カタイヤ王国との交易の実現を期す。

(3) 太平洋の北緯三七度半、日本の東方三四三オランダマイル付近にあるとされる金銀島の発見。

(4) 航海で発見、寄港、上陸した土地、島をオランダの所有とする。無主の地は発見者が占領者となるので記念の石、国の紋章、王室の旗を立てて正当に占領すること。

こうした指示から、蝦夷島、カタイヤに至るルートの発見に強い関心が持たれ、その反面で蝦夷地と北方海域の実態が不鮮明であり、韃靼に関しては全く闇の中だったことが分かる。

オランダの北方探索の顚末

金銀島と韃靼海域を目指す

大暴風に遭遇

一六四三年にジャワ島から派遣されたオランダの第二次金銀島探検の船団は、フライト船カストリカム号（長さ四三メートル、幅九メートル、深さ四メートル）、ヤハト船ブレスケン号（長さ三八メートル、幅九メートル、深さ三メートル半）の二船により構成されていた。それぞれの船には五五人の乗組員、五人の兵士が乗り組み、一年分の食料、弾薬が積み込まれた。長期間の航海の備えがなされたのである。

カタイヤ（中国北部）の前面に広がる韃靼《だったん》海の探険とカタイヤへの航路の開拓、カタイヤとの交渉、金銀島の探索が航海の主たる目的だった。艦隊司令官のフリースは、クネッヒェンスを船長とするカストリカム号に乗り込んだ。僚船《りょうせん》ブレスケン号の船長はスハーブだった。

艦隊司令官フリースは、日本に何回も渡航した経験を持つ四〇代の練達した船乗りだった。船団にはカタイヤでの貿易交渉を行う必要を見越して、二〇歳前後の韃靼人ダヴィッド・カシュウが通訳として加わっており、カタイヤに隣接するロシアでの情報収集のためのロシア語・ポーランド語が理解できる者が二、三人、正確な航海図、地図を描くための製図家一人も乗り組んでいた。本格的探検の態勢が整えられたのである。

一六四三年三月三日、カストリカム号とブレスケン号は、揃ってジャワ島のバタビア港を出帆《しゅっぱん》し、まずモルッカ海のテルナーテ島に向かった。四月四日、テルナーテ島から金銀島探しの航海が始まった。最初航海は順調で、二船は北上を続けた。しかし、五月十九日の夕方になって、八丈島付近で思いがけない大暴風に遭遇する。翌日まで続く時化《しけ》で、逆巻く波と強風に翻弄《ほんろう》されながらやっとの思いで難破《なんぱ》の危機は耐えたが、ブレスケン号とカストリカム号は互いに僚船を見失ってしまうことになった。嵐がおさまった後の茫洋《ぼうよう》たる海に船影はなかった。

眼前に死を見る

『バタヴィア城日誌』一六四三年十二月十四日の条に転載された司令官フリースの報告書は、不運島（Ongeluckige 現在の八丈島）で遭遇した暴風雨について、次のように記している。

突然風凪《な》ぎ潮は強く岸に流れしがゆえに、碇《いかり》を珊瑚《さんご》礁《しょう》三六尋《ひろ》の所に卸《おろ》すの止むなきに至れり、しかして翌日端艇《たんてい》にて該島に到りて食料品を得られざるか探検することとなしたり。しかるにたちまち南および南西西の強風起こり、波浪《はろう》高かりしがゆえに、カストリクムの綱は断《き》れて碇を失い、たちまち岸に接したる高く嶮《けわ》しき巌の間に突進せり。よって副碇を卸したるが、眼前に死を見、恐怖のうちに夜の明くるを待ちたり。天明に至りて終夜恐ろしき危険に瀕したることを認めたり。

この間に碇綱は断絶し、唯一の頼りとせる副碇の綱もまた船の激動によりてなかば磨り減り、風によりて海岸を離るる望みなかりしをもって、帆を下ろし何か手段を講じて断巌より遠ざかるほかなしと考えしが、全能なる神、御恵みを垂れ給い、前記の碇を棄てて海岸を離るるを得たり。ヤハト船ブレスケンスはどこにも見えざりしがゆえに、乗組員全員とともに沈没せるものと想像せしが、神の御助けによりて安全なりき。しかして、彼等もまたカストリクムは断崖に打ちつけられて粉砕せるならんと考えいたり。

（村上直次郎訳）

やっとのことで難破を耐えたものの、両船とも僚船が沈没したのではないかと想像せざるを得ないような状態だった。

捕縛された乗組員

司令船とはぐれてしまったブレスケン号はとりあえず本州を北上し、六月四日には三陸の山田《やまだ》湾に入り飲料水を補給した。山田湾は、釜《かま》石《いし》の北、宮古《みやこ》の南に位置し、ほぼ北緯三九度五〇分に当たる。金銀島があるとされていた北緯三七度五〇分より、かなり北に位置していた。

山田湾を出た後、ブレスケン号は蝦夷地《えぞち》の沿岸を四七日間北上して千島《ちしま》列島の辺りまで北上したものの濃い海霧に妨げられ、明確な海域情報を得ることができなかった。北方海域の深い海霧が行く手を阻んだのである。そこで仕方なく充分な位置確認もできないまま南下し、七月二十八日に新鮮な水と食料の補給のために再度山田湾に入った。しかし上陸したところで、船長を始めとする一〇人が異国船の取り締まりを命じる幕府の布告《ふこく》に基づいて捕らえられてしまった。キリシタンの宣教師と誤認されたのである。

八月一日、船長は立派な鞍《くら》を置いた馬に乗せられ、馬丁《ばてい》二人が付き添って領主の邸宅に連行された。そこでポルトガル語を話す老人に調べられた結果、オランダ人であることが確認され、領主、南部重直《なんぶしげなお》の供応《きょうおう》を受ける。八月十一日になると、スペイン語をよく話す僧侶（「ボーズ」）が武士二人と一緒に訪れ尋問《じんもん》を行った。尋問に対してスハーブは、オ

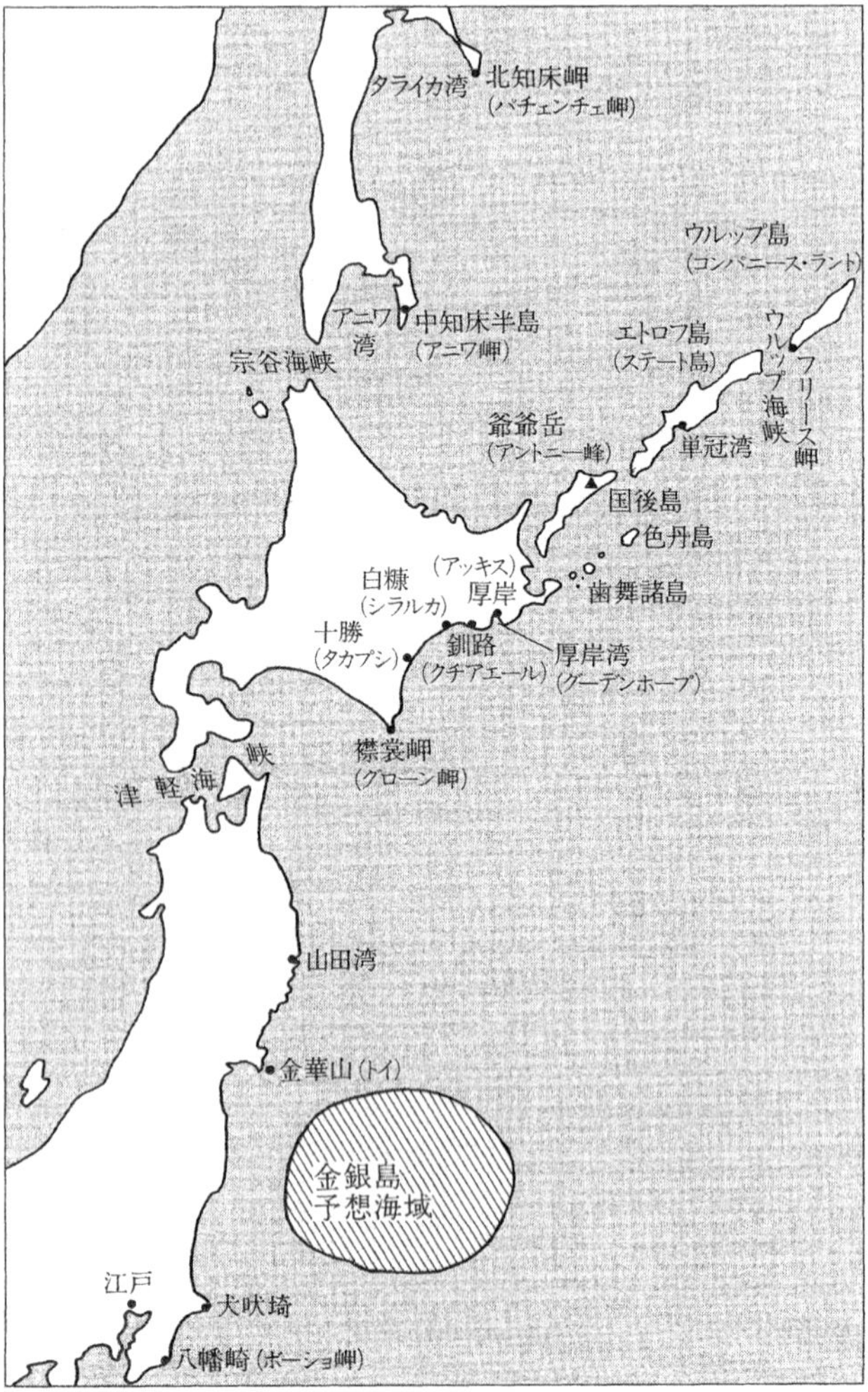

タライカ湾
北知床岬
(パチェンチェ岬)
ウルップ島
(コンパニース・ラント)
アニワ湾
中知床半島
(アニワ岬)
エトロフ島
(ステート島)
ウルップ海峡
フリース岬
宗谷海峡
爺爺岳
(アントニー峰)
単冠湾
国後島
色丹島
(アッキス)
白糠
(シラルカ)
厚岸
歯舞諸島
十勝
(タカプシ)
釧路
(クチアエール)
厚岸湾
(グーデンホープ)
襟裳岬
(グローン岬)
津軽海峡
山田湾
金華山(トイ)
金銀島
予想海域
江戸
犬吠埼
八幡崎(ポーショ岬)

図32　金銀島探索地図

図33　江戸に連行されるオランダ人（モンタヌス編『オランダ東インド会社遣日使節紀行』より）

ランダ語でテルナーテ島に立ち寄り台湾《たいわん》に行く途中で暴風に遭ってしまって漂流《ひょうりゅう》し、この地に水と米を買う目的で入港したと説明した。

取り調べから釈放まで

八月十四日早朝に駕籠《かご》と馬で出発したオランダ人一〇人は八月二十五日に江戸に到着した。一行はオランダ商館員の定宿に泊められ、その後井上筑後守《いのうえちくごのかみ》の邸宅に呼び出されて数回の取り調べを受けた。翌日、長崎からパーデレ、マルクスらの一行と長崎商館の通詞《つうじ》二人が江戸に到着し、彼らがオランダ人に間違いないことを証明した。

南部藩からの報告が江戸に届くと、大目《おおめ》付《つけ》は長崎奉行所に調査を命じた。長崎奉行所からの照会を受けたオランダ商館長は、スハーブはかつて平戸に二回も来たことがある船乗りなのでよく知っており、同船は三月に他の一船と共にバタビアから出帆し、生糸《きいと》や絹織物の取引が盛んなタルタリアの大都市に赴く航路開拓のために派遣された旨を回答し、江戸から長崎奉行所に派遣されてきた飛脚に、スハーブ一行宛の書簡を託す許可を得た。

やがて十二月一日になるとオランダ商館長の一行が江戸に着き、商館長の保証を得てスハーブはやっとのことで釈放されることになった。ブレスケン号そのものは幸いにも拿捕《だほ》を免れ、探検を続行できた。ブレスケン号は北緯三七度線に沿って東方に四八〇ﾙﾏｲ以上航行して、金銀島の探索に当たっている。しかし、いくら航海を続けても、一向にそれらしい島影を見いだすことはできなかった。かつてスペイン船が、肌の白い人々が住んでおり、金銀の豊かな島があると言った海域には金銀島の島影が発見できなかったのである。しかも長期の航海で、スハーブに代わって船を指揮した士官ブライアンをはじめ一九人もの病死者を抱えてしまい、航海の続行が不可能になった。

蝦夷島に至る

一方カストリカム号は五月十九日から翌日にかけての大嵐を切り抜けた後、五月二十二日にはボーショー岬（房総半島八幡《はちまん》崎付近）沖に至り、それ以後、連日のように日本漁船との交歓を繰り返しながら北上を続けた。

五月三十日、カストリカム号は北緯三七度四〇分付近に「トイ」と思われる島影を発見した。後にシーボルト、幸田成友《しげとも》氏は、「トイ」島は金華山《きんかざん》ではないかと推測している。

金華山は牡鹿《おしか》半島の一キロ沖合に位置する周囲約二五キロの島である。この島の沖合では寒流の親潮《おやしお》と黒潮《くろしお》が出会うために格好の漁場になっていた。かつて金を産出したことから黄金山《こがねやま》神社が祭られており、島名もそれに由来するとされる。

フリースはもちろん「金華山」がどういう謂《いわ》れを持つ島かなどは知る由もなかったが、「トイ」の位置が金銀島が存在するとされた緯度と同じだったこともあって、カストリカム号は数日間その海域で僚船ブレスケン号を探し回った。しかし、僚船は発見できなかった。もちろん、金銀島も見つからなかった。

六月三日、北緯三九度一七分で多くの漁船がカストリカム号に近づき、「ナボ（南部《なんぶ》か）」とか、「シャイ」とか呼ぶ湾内に入るように勧めたが、カストリカム号は一路蝦夷島を目指すこととし、日本島と蝦夷の間の海峡（津軽《つがる》海峡）に入り込まないように注意しながら北上を続けた。濃霧の中を舵《かじ》を取って進むと、六月七日、朝一〇時頃、北緯四一度一六分、東経一四三度一五分の位置で北方に高く聳《そび》える岬を発見した。大雪《たいせつ》山系から南に延びた日高《ひだか》山脈が太平洋に突き出した岬、グローン（Groen）つまり襟裳《えりも》岬であった。

高さ七〇メートルの襟裳岬の突端の東側には、五キロにもわたり延々と高さ六〇メートルの海蝕崖が続いている。フリースはこうした雄大な景色を目にし、蝦夷地にたどりついたことを確信した。

大陸か島か

この陸地が蝦夷地であるとするならば、蝦夷が大陸の一部なのか島なのかを明らかにすることがフリースの次の目標になった。『バタヴィア城日誌』一六四三年十二月十四日の条は、蝦夷地の航海について、「六月七日四二度の所にて蝦夷 Jeso の地に着きたり。住民はこれをエゾ Eso と称するが、高地にして山は多く雪に被われたり。その東南海岸に沿いて約六〇マイル進みしが、多くは濃霧あり、また数回碇《てい》泊《はく》せしが、住民ははなはだ少なく、日本人に似たる、貧しけれども道理を解するものなりき。彼等につきて聞きたるは、魚油《ぎょゆ》および毛皮類の主要産物にして、日本人が他の商品と交易して住民よりこれを収得すれどもその量は多からざる事なり。住民のうちに剣、頸および耳に銀の飾りを施せる者あれども、これを非常に大切にせるをもって、同鉱物を産せざるかあるいははなはだ少量に産するならんと思われたり」と、同船がもたらした報告を記している。

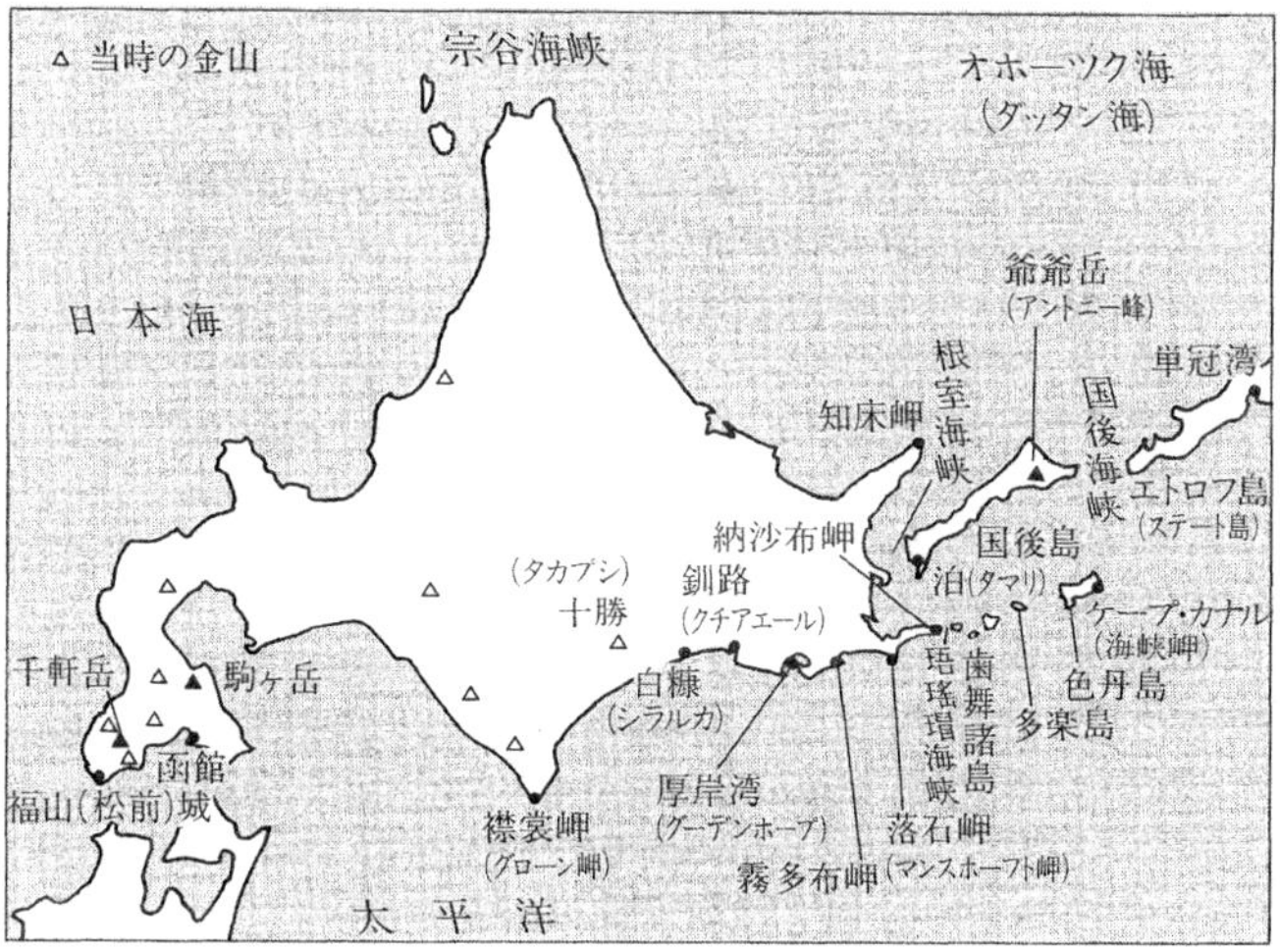

図34　蝦夷島地図

アイヌとの遭遇

カストリカム号はどうやら津軽《つがる》海峡の縁を通過して襟裳《えりも》岬に至り、陸地沿いに東北方向に航行し、十勝《とかち》川の河口方面に至ったようである。六月八日、カストリカム号の先、北東北の方向に大きい湾が発見された。湾の後方の丘陵《きゅうりょう》地の彼方に数ヵ所、噴煙があがっているのが遠望された。

翌日、カストリカム号は、十勝川の広い河口に接近する。十勝火山群の主峰、十勝岳（二〇七七メートル）を源流とする十勝川は、石狩《いしかり》川、天塩《てしお》川に次ぐ蝦夷《えぞ》地の第三の川であり、広大な流域面積を持つ。十勝川河口は、大きく二つに分流していた。カストリカム号は河口でしばらく停泊したが、その際に小船に乗った二人のアイヌが鹿皮と干した鮭《さけ》の束を持って訪ねて来た。フリースは気がつかなかったかもしれないが、それが蝦夷地の住民アイヌと、ヨーロッパ人の最初の遭遇だった。

アイヌは燻製《くんせい》の鮭と鹿皮一枚をフリースらカストリカム号の乗組員に献じ、それに対してオランダ人乗組員は、ヤシ酒の蒸留酒アラクと煙草でもてなした。その際にオランダ人は、目ざとくアイヌが腰に下げている小刀の柄が銀で装飾されているのを見つけ、彼らが金と銀の情報をもっているに違いないと考え、身振り手振りでの情報の収集に努めた。訓令は、「貴下はこの金属（金や銀）の価値がわからぬふりをし、我々の所では、銅、白鑞《ろう》、錫《すず》、鉛が同様に、あるいはこれらの金属の方が、もっと価値があることを示すように」と具体的な指令を与えているので、情報収集も大変だった。

小船に乗って訪れて来たアイヌは、自分たちはトカプチ（Tacaptie 十勝）という地域に住む者であるが、先にカストリカム号が通過した急峻な岬はグロエン（Groen 襟裳岬）であり、川が流れ込む入江はグチアール（Goutsiaer 屈斜路《くつしゃろ》）であると告げ、その北東にシラルカ（Cyrarca 白糠《しらぬか》）、グチオテ（Goutsiote 釧路《くしろ》か）があると教えた。アイヌは、船首と船尾がそり上がっていない平坦な丸木船に乗り、櫂《かい》を巧みに操っていずこともなく去って行った。

道東沿岸を行く

その後カストリカム号は霧の多い海岸線を、霧多布《きりたっぷ》岬を経て珸瑶瑁《ごようまい》海峡に向けて航行した。六月十一日になると、北緯四三度付近で人間の頭に似ている岩のある岬を通過した。カストリカム号の乗組員は人間の頭部に似ているのでマンスホーフト岬（Cape de Manshooft 人頭岬）と命名したが、やがて濃い霧のために陸地を見失ってしまい、夜になるとさらに濃い海霧に包まれて何も見えなくなってしまった。「人頭岬」と命名された岬は、根室半島の落石《おちいし》岬と考えられている。

道東沖特有の濃い海霧は、寒流と暖流がぶつかり遭うことにより発生する。暖流が運んで来た温暖で多湿な気流が冷たい海面に接し、冷やされた空気の水蒸気が飽和状態になることで霧が生れ、上空に広がりながら陸地に向けて移動する。それが毎夏に道東地方を襲う「移動霧」で、六月から八月まで続く。水産試験場の技師として海霧の海で長い間調査を行ってきた宇田道隆氏は、『南海北溟《なんかいほくめい》』という著書のなかで、濃霧中の航海について、「朝密霧の中ではあるが、もはや島の間近にあることは測深二〇〇から三〇〇㍍で、コンブの流藻やカラスなどの見えることで推察されたが、視界がきかず困惑し、船長はじめ船橋に双眼鏡を手に苦心焦慮していたが、幸い霧が薄らいでくると、すぐ近くに海岸に砕ける土用波《どよう》や、近岸《きんがん》の部落が忽然と現れた」と、海霧が極端に視界を奪い、時に船を危険な状態に陥れることを記している。

根室海峡を見過ごす

カストリカム号は立ち込めた海霧の中を手探りで進み、根室半島と歯舞《はぼまい》諸島の間の珸瑤瑁海峡の横を通過したことに全く気づかなかった。濃霧の中で珸瑤瑁海峡沖を航行し、霧が晴れてみると歯舞諸島に入り込んでいたのである。北海道と歯舞諸島、国後《くなしり》島を隔てる海峡の存在に気づくことがなかったのである。

六月十三日、カストリカム号は小さな島を発見する。視界を遮っていた霧が晴れると、カストリカム号はたくさんの島々と多くの岩礁《がんしょう》に取り囲まれていた。島々の後方には、V字型の切れ込みが入った巨大な山が聳えたっているのが見えた。国後島の爺爺《チャチャ》岳である。しかし珸瑤瑁海峡と根室海峡を見過ごしてしまったカストリカム号は、爺爺岳を蝦夷地の山と誤認してしまった。

後にシーボルトは、カストリカム号が発見した島々は、根室半島の納沙布岬の北東約三㌔から五四㌔にかけて低く平らな島々が散在する歯舞諸島であろうと推測している。歯舞諸島の面積は一〇二平方㌔で、小笠原諸島の面積一〇三平方㌔にほぼ匹敵する。

カストリカム号が遠望した国後島北東部の二重式円錐《えんすい》火山の爺爺岳は、標高一八二二メートルの美しい山である。国後島は、千島《ちしま》列島の中で二番目に大きな島（長さ約一二〇キロ、幅七―三〇キロ）であり、最近、世界遺産となった知床《しれとこ》半島からは目と鼻の先にある。濃霧で、カストリカム号は、蝦夷地と国後島が陸続きであると誤認した。カストリカム号の航海記録は、爺爺岳について、「本土内陸部の雪で覆われた高い山」と記している。

歯舞諸島では、それぞれ五、六人から八人の男が分乗する三隻の小舟がカストリカム号を訪れた。一行は何枚かのラッコの毛皮を持参し物々交換を望んだが、対価としてあまりにも多くのものが求められたためにラッコの毛皮の購入は見送られ、数枚のオットセイの毛皮、一枚の熊の毛皮と煙草を交換し、アラク酒を酌《く》み交わしての交歓がなされた。彼らはアラク酒を「サッキー（酒）」と言って喜んだと言う。訪れたアイヌたちは乗組員に、島の南にあるタマリ（Tamary泊、国後島の泊港か）という場所での停泊を盛んにすすめた。彼らのうちの数人は耳に大きな銀環を付けていて金と銀をよく知っており銅を軽視した、とカストリカム号の航海記録は記している。

午後も航行中ずっと爺爺岳が遠望できたが、カストリカム号の乗組員はその山にフリース艦隊の派遣を命じた東インド総督アントニオ・ファン・ディーメンの名をとって、アントニー峰（Pieck Antony）と名付けた。

六月十四日、カストリカム号はやがて多数のクジラの群れが遊泳する海域に入った。そうしたことからフリースの一行は、その近くの島にワルフィッシュ島（Walvisch eylant 鯨島）という名を付ける。この島は、歯舞諸島の外れに位置する多楽《たらく》島であろうと推測されている。

六月十五日、カストリカム号は色丹《しこたん》水道を横に見て色丹島の沖合に至った。航海記録は、色丹島の北東に位置する湾の北端をケープ・カナル（Caep de Canael 海峡岬）と命名している。この湾は、いずれの方向からの風に対しても耐えられる優れた避難港であると判断された。六月十六日から十七日にかけて、カストリカム号はさらに北上してエトロフ島の東海岸の沖合を航行した。

千島列島に至る

カストリカム号は、やがて千島列島沿海に入った。知床岬からカムチャツカ半島まで延びる火山列島の千島列島は、東京から宗谷《そうや》岬に至る距離で連なる南北に長い列島で、日本列島の約半分の長さである。列島の一番南に位置するのが国後島で、北海道の真近に位置し、それに次ぐ千島列島最大の島がエトロフ島である。

カストリカム号は、長さ二〇〇㌔、幅が六㌔から三〇㌔（面積三一八二・六五平方㌔）のエトロフ島の東岸を航行し続けた。エトロフ島は、鳥取県の面積（三四九〇平方㌔）よりやや狭い。エトロフ島の東海岸の中央部には湾口一〇㌔にも及ぼうという大きな単冠《ヒトカツプ》湾がある。この湾は太平洋戦争の真珠湾《しんじゆわん》攻撃の際に戦艦二隻、航空母艦六隻、巡洋艦三隻、駆逐艦《くちくかん》九隻などからなる海軍機動艦隊がひそかに集結した湾として知られている。単冠湾の西には三〇㌔にわたって一〇〇〇㍍を越す連峰が連なり、特に西の外れに位置する西単冠山は、一五六五㍍もあり美しい山容を誇っていた。しかし濃い海霧の晴れ間に散見される島の景色は、カストリカム号の乗組員の注意をあまり引かなかったようである。

エトロフ島について航海記録は、「島の内陸は雪をいただいた高山であり、低く横たわる谷間は海岸まで雪に覆われている。多数の海豹《あざらし》や海鴨《うみがも》が見え、陸地は緑であるが樹木は見えず、極めて寒い」とあるのみである。

オホーツク海を航行する

エトロフ島の東岸を航行し続けたカストリカム号は、やがてエトロフ海峡を通過して太平洋からオホーツク海へと入った。ヨーロッパの船がオホーツク海に入ったのは、これが最初である。フリースは、重い鉛色をしたオホーツク海をカタイヤに至る韃靼《だつたん》海に違いないと考えた。

図35　描かれたコンパニース・ラント

フリースは幅三〇キロのエトロフ海峡を、エトロフ島（後にステート・ラント〈ステート島〉と命名）と巨大な陸地を分ける重要な海峡とみなした。巨大な陸地であるとフリースが考えたのは、実際にはウルップ島だったのである。フリースは、この陸地をアメリカの沿岸に近接している島、またはアメリカ大陸の岬とみなした。ウルップ島は後に「コンパニース・ラント」と命名され、アメリカ大陸の一部とみなされた。コンパニース・ラントとは、東インド会社の土地という意味である。またこの海峡は、後にフリースの名が付されてフリース海峡（Canael de Vries）と命名された。先に述べたように、カストリカム号は濃霧で根室海峡を見過ごしたため、国後島は蝦夷地の一部とみなされたのである。

六月二十日、カストリカム号はウルップ島の海岸に接近した。ウルップ島はまだ海岸近くまでが雪に覆われており、雪解け水が轟音《ごうおん》を響かせながら海に流れ込んでいた。「フリース岬」と命名された切り立った岬の先に陸地を確認できなかったことから、カストリカム号の乗組員は北の大きな海、韃靼《だったん》海に入ったに違いないと確信し、全能の神に感謝を捧げた。うまく行けば、タルタリヤの巨大な都カンバリクにたどり着けるかもしれない。

フリースの一行は、冬が終わって花々が一斉《いっせい》に咲き誇り、美しく彩られたウルップ島への上陸を試みた。ウルップ島は千島列島で四番目に大きい島（長さ一二〇キロ、最大幅二〇キロ、面積一四二〇平方キロ）で、一〇以上の火山がそびえ立つ火山島である。しかし、海岸部の多くは切り立った海蝕崖で、上陸するのが極めて難しかった。六月二十一日、二十二日にフリースは兵士を島に上陸させて人の居住の有無を確認させたが、わずかにかつて人が住んでいた痕跡が確認されただけだった。

しかしウルップ島では、銀山らしい山が発見された。六月二十三日、銀鉱と思われる山の探索が試みられ、銀を含有していると思われる光る土のサンプルが採集された。その土は白い砂を混ぜたような状態で、水に入れると溶解したという。

その時に司令官フリースとクーンらは急峻な山の斜面を登り、隆起《りゅうき》した円山《まるやま》の上に

「V・O・C（東インド会社）・1643」と刻んだ木製の十字架を建てた。十字架を建てることで、オランダ領であることを宣言したのである。銀に類似する鉱物が採取された山はミネラールベルヒ（Mineraelberch ミネラル山）と命名された。沖合に何千頭もの海豹《あざらし》が群がるアメリカ大陸の一部と考えられたウルップ島には、「コンパニース・ラント（Companyslant 会社《かいしゃ》州）」という地名が付けられた。訓令は、「発見し、寄港し、上陸したすべての陸地、島は、自由オランダ連邦共和国の国会及び君主の所有とせねばならない。人の住まぬ、あるいは領主のいない国では、記念の石をおき、国の紋章あるいは我々の王室の旗をたてて、正当に所有することができる。なぜなら、このような国では、発見者が占領者となるのが正当とされている」と記しており、それに従ったのである。

韃靼海を探る

『バタヴィア城日誌』一六四三年十二月十四日の条に転載されたフリースの報告書は、「蝦夷の海岸は四四度半にて終わり、少しく離れて長くして細き島の東北より西南に横たわれるものを認め、これをスターテンラント（Statenlandt〈エトロフ島〉）と命名したり。この島は多くきらきら光る裸山にして、約三〇マイルの長さあり、所々はなはだ狭し。次に四五度、四六度および四七度の所に、他の高くかつ広き大いなる陸地を認めしが、無人島にしてこれをコンパニース・ラント（Compaignies〈ウルップ島〉」と命名し、標《しるし》を建て占領の式をあげたり。山の煌《かがや》けるは鉱物を蔵することを想像せしめたれば、標本として土塊を持ち来たりしが何物をも発見するを得ざりき」と、「スターテンラント（ステート島）」と「コンパニース・ラント」について記している。

六月二十四日、カストリカム号は濃い海霧をついてコンパニース・ラント（ウルップ島）を出帆した。航海中、時には膨大な数のエトピリカという美しい海鳥の乱舞に目を奪われることもあったが、概して霧の海は寒く、変化に乏しい航海だった。

六月二十九日、北西に進路をとってきたカストリカム号は、①カタイヤの海岸により接近する、②コンパニース・ラントがアメリカ大陸の一部なのか島なのかを確認する、という二つの目的を果たすために、濃霧の中で南に進路を転換した。

七月二日、カストリカム号はステート・ラント（エトロフ島）に接近し、三日にはエトロフ島と国後《くなしり》島の間の国後海峡（すでに逆の方向から見て「水道海峡」と命名）の外側を通過し、国後島最北端付近に着岸した。彼らの認識では、そこは蝦夷地の北端と見なされた。その地でフリースの一行は偶然アイヌに出会い、翌七月四日、アイヌのコタン（集落）を訪れた。その際に、アイヌの男の刀の金具に銀が嵌《は》め込まれていることに気づいた乗組員は、どこでどのように銀を手に入れたかを身振り手振りでアイヌに問いただした。すると最年長の女が、自分の手で砂を掘り、砂を手にとってシッ、シッという声を出しながら壺に入れ、それから火の中に入れる身振りをした。そうしたやりとりから、「カニ」がアイヌの「銀」を指す言葉に違いないと一行は勝手に判断した。そこで身振りで、どこで、どのような方法で銀を手にいれたのかをさらに問うと、アントニー峰の土中から採った鉱石を溶解したと一人が答え、全員がうなずいた。そのためにカストリカム号の乗組員は蝦夷地で銀が採れることを確認できたと判断し、喜びあった。

カストリカム号は、七月三日から十一日までの九日間、国後島に留まり、住民との交歓を重ねた。七月十一日になるとカストリカム号は国後島を後にし、濃霧の中を手探り状態で北西方向への航海を続けた。彼らが空想していたカタイヤ（中国北部）に向けての航海を再開したのである。しかし実際には、カストリカム号は内海のオホーツク海を宗谷海峡方向に向かって航海していたのである。

サハリンに至る

七月十五日、濃霧の中を進んだカストリカム号は宗谷海峡の存在には気づかずに北上し、サハリン（樺太）のアニワ湾に入った。湾に停泊した後に霧が晴れると、一四隻の小船に分乗したアイヌがカストリカム号を訪れた。カストリカム号の一行は四日間アニア湾に停泊し、訪れたアイヌと親密な交流を積み重ねた。

同地でフリースはアイヌの長老に書簡を与え、オランダ国旗を掲揚し、ラッパでオランダ国歌を吹奏した。それは、オランダがこの地を領有することをあらわすための儀式だった。もちろんアイヌは、その儀式が何を意味するかを知るよしもなかった。

ちなみに「アニア湾」という呼び名は、帰路にカストリカム号の一行が南西に突出したサハリンの中知床半島の突端を「アニワ岬（Cape de Aniwa）」と命名したものが、転訛《てんか》したものである。下級舵手《だしゅ》フィリップ・ジャコブ・ド・ベッカァの「聴取記録」は、アニア湾では銀が期待できないことを、次のように述べている。

彼らにとっては、二枚のスペイン・リール銀貨が、一片の長さが指一本程度の、鉄の環四個に相当しており、それで鮭と交換したのであるが、そのあと再び銀貨を出した時には、彼らはそれを受け取ろうとしなかった。

実際、銀をどんなにたくさん提供されても、彼らは鉄の方を選ぶのであり、鉄を手に入れた時には、笑ってそれを隠しもったのである。そのことは、この地方に於《おい》て、鉄が得がたいか、あるいは、得られても少量に過ぎないかという事実を意味している。

その後カストリカム号は金、銀が得られる見込のないアニア湾からサハリン島東岸を北上し、七月二十六日に大きなタライカ湾の最深部に至った。翌日、カタイ人との接触を求めフリースは韃靼人のダビット・カシューを伴い上陸したが、目的を果すことはできなかった。カタイヤに関しては、依然として全くの闇の中だった。まさに忍耐の航海だったのである。彼らは北知床岬をパチェンチェ岬（Caep de Patientie 忍耐岬）と名付け、蝦夷地の東北端と考えた。

一六四三年八月三日、濃く立ち込めた海霧の海を航海中に、オランダ東インド会社の訓令に定められた韃靼海航海の期限の終わりを迎えた。そこで、再度の航海に期待し、南の海に帰還する決定が下された。船の損傷が激しかったことも、探検の主目的のカタイ行きを諦める重要な理由の一つになった。

カストリカム号は、コンパニース・ラントがアメリカ大陸に続いている大陸に違いないとの確信を強めながら、往路に通過したフリース（ウルップ）海峡を通り、南西へと航海した。カストリカム号の航跡図上の航海記録は、八月六日で打ち切られている。

金はタカプシ（十勝）、銀はシラルカ（白糠）

天然の良港厚岸に至る

フリース艦隊は、往路と同様に色丹島《しこたん》、歯舞《はぼまい》諸島の東の沖合を通過し、根《ね》室《むろ》半島から道東沿岸部を航行して、一六四三年八月十五日に天然の良港、厚岸湾《あつけし》に入った。厚岸湾と幅約六〇〇㍍《メートル》の水路でつながる厚岸湖（長径約七㌔《キロ》、短径約五㌔《キロ》）からなる厚岸は、東蝦夷《えぞ》地《ち》の交通の要衝《ようしょう》であり、寛永《かんえい》年間（一六二四—一四三）に松前藩《まつまえ》が「場所」を設け、千島《ちしま》アイヌとの交易の拠点にした。

カストリカム号は、八月十五日から九月一日までの約半月もの間厚岸に留まり、厳しい航海で痛んだ船体の修理、乗組員の休養、そして金銀情報の収集に努めた。フリースは、厚岸湾の入り口に位置する大黒島《だいこく》に「ファン・デルリン島（van der Lyns eylant）」、湾の釧《くし》路《ろ》側に位置する尻羽《しれぱ》岬に「サンタンネル岬（Caep Santanel）」、湾の東端のピリカウタに「マーツイケル岬（Caep de Maetsuycker）」、厚岸湾に「グーデンホープ（Baey de Goede Hoop 希望湾）」という名を付けている。

ところでカストリカム号は、最初からこの良港の存在に気付いていたわけではなく、湾口にある大黒島の背後に停泊地があるかどうかをボートを降ろして探索した際に、島の背後に船が停泊するのに格好の天然の良港があるのを見いだした。湾の奥には、ノイアサックという長老が支配するアッキス（アッケシ、厚岸）集落があった。

八月十七日、ノイアサックはもう一人の長老とともにカストリカム号を訪れた。ノイアサックはフリースと対座すると、テーブルの上の銀のスプーンを手に取り、彼らの言葉（アイヌ語）で、「これは良い銀だ」と言った。サハリンのアイヌとは違い、銀に関心を持っているとフリースは感じた。もちろん、フリースの勝手な解釈である。

それだけではなく、ノイアサックはフリースに銀を掘り、篩《ふるい》にかけ、溶解し、精製するプロセスを演じて見せた。フリースが喜びを噛み締めながら銀の産地はどこかを尋ねると、ノイアサックはアッキス（厚岸）から西南西に位置するシラルカ（釧路の西に位置する白糠《しらぬか》）で銀が産出されると答えた。ノイアサックは日本の着物を一枚与えてくれれば銀が採掘できる場所を教えると約束し、別の長老もそれに同意した。

しかし、いざノイアサックに波の高い湾外に小船を漕ぎ出すよう命ぜられると、アイヌたちは病気になったふりをしてシラルカ（白糠）への航海を拒んだ。実際のところアイヌは金や銀には全く無頓着《むとんちゃく》であり、蝦夷地のゴールドラッシュの担い手も松前藩と本州から移住して来た和人たちだった。ノイアサックはオランダ人に気遣いを見せ、彼らの期待に一所懸命応えようとしたのだが、実の所フリースの希望を理解していたのかどうかは疑わしい。しかし、言葉の厚い壁を乗り越えてカストリカム号の一行に好意を示したかったことは事実のようである。結局、長老ノイアサックは、一日ではとても食べきれない程の大量の魚をオランダ人の下へ持参し、お茶を濁すことになった。こうした経緯もあり、フリースは蝦夷地の金銀に強い期待を抱くことになった。

牡蠣とハマナスの実

フリースの一行と住民との間での物々交換は、盛んに行われた。女や子供を含むアイヌは、立派な牡蠣《かき》と「赤いバラリンゴの実」（ハマナスの実）を持参し、オランダ人と物々交換を望んだ。現在厚岸の牡蠣は、広島、仙台湾の牡蠣を越える肉厚の養殖牡蠣で、全国ブランドになっているが、その当時の牡蠣は大変美味な天然牡蠣であった。厚岸湖には今も大きな牡蠣塚が沢山残されており、天然牡蠣が大量に採取されたことが想起される。またバラ科のハマナスは、今でも道東の浜辺に沿い群生している。フリースの一行が訪れた時期は、まさにハマナスが多くの赤い実をつける時期だったのである。

八月二十二日になると、アッキス（厚岸）の住民がシラルカ（白糠）行きを拒んだ理由が判明した。航海日誌は、「銀はシラルカ（白糠）で、金はタカプシ（十勝《とかち》）で入手できることになっているが、そこの住民は自分たちの敵なので、ノイアサックはカストリカム号のひとびとと共に、敢《あえ》てそこに行かないのだ、ということを聞き知った」と記している。

フリースの一行がたどり着くことはなかったものの、日高山脈から十勝地方の海岸に流れ出す歴舟《れきふね》川、アイボシマ、当縁《とうべり》川などの流域では松前藩による砂金採取がなされていた。ずっと後のことだが明治三〇年代に歴舟川流域で働く砂金掘りは一〇〇人に及び、腕のよい砂金掘りは、一日に十数匁を採金したという。タカプシ（十勝）は量はともかく、本当に砂金の採取地だったのである。

松前藩船の厚岸入港

厚岸に停泊してから一一日目、松前藩の交易船が厚岸湾に入ってきた。カストリカム号の『航海日誌』によると、八月二十六日昼頃に帆船が入り、早速若い人物が部下の水夫六人を伴ってカストリカム号を表敬訪問し、自分たちの船はオランダ船と同様の交易船であり、蝦夷地のエロエン（襟裳岬《えりも》）の西方のマチマイ（松前）から来たこと、マチマイには日本人の統治者がいることを告げた。松前からの船は、アイヌとの間で毛皮、鯨油《げいゆ》、魚油《ぎょゆ》と米、衣服、酒、タバコなどを交換する船で、エゾアン（アイヌを指す）が耳に付ける鉛製の耳飾りも積んでいた。この若い船乗りの話は、オランダ人にとって極めて興味深いものであった。

若い船乗りは、自分の父は日本人で母はエゾ出身であり、日本語とエゾ語（アイヌ語）を話せると語り、タカプシ（十勝）やシラルカ（白糠）には沢山の金があるとして、それぞれの地で採れた山金（砂金）のサンプルをフリースに贈った。この人物はアイヌとは違い、オランダ人と同様に金銀に強い関心を持っていた。

彼はアイヌが言った金銀に関する情報を確認し、クチアエール（釧路《くしろ》）には鉱物は見られないが、確かにシラルカ（白糠）には金と銀が、タカプシ（十勝）には金があると述べ、他に「エルビス」、「ポルボビス」という二ヵ所の地名を挙げた。

またこの人物はエゾが一つの島であるとも語り、記憶をたどりながらその略図を書いて見せた。彼は、マツマエドノという支配者が松前に政府を持っており、近くにカメンダ（亀田、現在の函館《はこだて》）という良港もあるとも語った。マツマエドノは、毎年皇帝（将軍）のところに毛皮の貢ぎ物を持って参上するが、その経路はエゴレー岬を南下してナボ（南部）に至り、そこから陸路で江戸の皇帝の城に至るというものだった。

翌八月二十七日にもこの若い船乗りはカストリカム号を訪れ船の中を観察した後、フリースと談笑した。彼は、サラサの布切れや大きな杯を得て満足し、このような物資を持ってマツマエに来れば、ほしいだけの銀が手に入るだろうとフリースに述べた。彼はオランダの金属容器に大変な関心を示し、一〇俵の米、中国製の陶器の水差し一個と交換した。その若い日本人の名は、「オリ」と言った。

松前藩船は厚岸で飲料水などを補給した後、挨拶もなく夕方に港を離れていった。松前藩船の側からするならば、鎖国下という状況もあって急遽松前に報告する必要があったのである。同船は松前に報告に出向き、その後釧路に潜んでカストリカム号の監視に当たったようである。

挫折した金銀島の探索

一六四三年九月一日、金銀島探索の任務を残したカストリカム号は、風光《ふうこう》明媚《めいび》なアッキス（厚岸《あつけし》）を後にすることを決定した。フリースは世話になったことに対する感謝の意を示すため長老ノイアサックの下に二人の助手を派遣したが、ノイアサックは派遣した助手の船に乗り込んでカストリカム号を訪れた。

ノイアサックに付き従った二隻のアイヌの小船は、多くのバラリンゴ（ハマナス）と牡蠣を餞別《せんべつ》に持参した。ノイアサックは一振の刀をフリースに与え、フリースはアイヌたちにそれぞれ布切れを与えて別れを惜しんだ。充分に言葉は通じなかったが、情には通い合うものがあったのである。翌二日、日の出の二時間前にカストリカム号は抜錨《ばつびょう》し、南に進路を取った。三日にカストリカム号は襟裳《えりも》岬を西北西に仰ぎつつ通過し、蝦夷地《えぞち》を後にする。一路、本州の沖合を南下したのである。

九月十日、午前一〇時頃、カストリカム号は一〇マイルから一一マイル先に日本の海岸が遠望できる地点まで南下した。そこで、もう一つの任務、金銀島の発見にとりかかるために太平洋を東に向け針路をとった。乗組員全員は、金銀島にたどり着けるように神の加護《かご》を祈ったという。

カストリカム号が金銀島の探索の範囲とした海域は、北緯三七度四〇分、東経一四一度三〇分、現在の福島県原町の海岸の沖合約一〇―一一マイルであった。出港に際しての訓令書には、金銀島の位置は北緯三七度半の日本東方三四三オランダマイル沖合とされている。カストリカム号は付近の海域の徹底的調査を試みたが、どうしても金銀島を見つけ出すことはできなかった。金銀島が存在しないことが確実になったのである。

十月二十六日、一ヵ月半に及んだ金銀島の探索もついに打ち切られることになった。カストリカム号が韃靼湾《だったん》に入ったのが六月十八日、厚岸に着いたのが八月十五日だったので、ほぼ二ヵ月がカタイヤへの道の探索に費やされた計算になる。それと比較すると、狭い海域での一ヵ月半にわたる金銀島探索は決して短い期間ではない。カストリカム号にとって金銀島の探索も重要な使命だったことが理解される。

『バタヴィア城日誌』一六四三年十二月十四日は、フリースの「航海報告書」の写しを記載しているが、金銀島の探索結果について、「最初は、命令に従いて針路を同地（日本）に向け、同所より東方に四五〇マイル《ルマイ》直航して緯度の三七度半に到り、風ははなはだ変わりやすく潮流は激しきを見たり。この区域を数回往返し、同月十日より十月一日に至り、天気概して快晴にして多く渡島を見しが、少しも陸地を認めず、金銀島はこの辺にあらざる事を確信せり」と記し、金銀島が存在しないことはほぼ確実としている。

カストリカム号の帰港

十月二十七日の朝、カストリカム号は房総《ぼうそう》半島の犬吠埼《いぬぼうさき》を望見する位置まで南下し、二十九日には八丈島《はちじょう》に停泊した。フリースの一行は八丈島に上陸し、牛、鶏、オレンジなど新鮮な食料を物々交換で手に入れ一息ついた。

十一月九日、四国の南東端あたりを航行中にカストリカム号は、偶然にも五月二十日の激しい暴風雨により八丈島沖で離れ離れになっていたブレスケン号の船影を見いだした。広い海のなかでの得難い幸運であった。ブレスケン号の船長スハープなど一〇人は三陸の山田湾《やまだ》に上陸した際に捕らえられて航海から脱落し、その後の東方海域での航海でも一八人の犠牲者を出し、乗組員の数をほぼ半減させてブレスケン号は気息奄奄《えんえん》の航海を続けていたのである。

十一月十八日、両船はオランダ東インド会社の拠点、台湾《たいわん》南部のゼーランディア城がある安平《あんぺい》港に無事帰還した。一六四三年三月二日にジャワのバタビア港から始まった探検航海は、ここに終わることになったのである。艦隊司令官フリースなどは、当時安平港に入っていた東インド会社のスウォーエン号に乗り換え、十二月十四日にバタビアに戻った。

一六四四年は、李自成《りじせい》が率いる農民反乱軍が北京を占領して明《みん》帝国はあえなく滅亡し、ついで呉三桂《ごさんけい》などの明軍の指導者と協定を結んだ女真《じょしん》人が李自成の農民軍を鎮定して新たに清《しん》が建国された年だった。フリース艦隊の航海は、まさに東アジア世界に激震が走った一六四四年の前年になされたのである。

探索継続を阻んだ明・清の王朝交替

明崩壊の情報

フリースの報告を受けた東インド会社のバタビア総督ディーメンは、カタイヤに至る航路が発見できるという確信、蝦夷地《えぞち》の金銀採掘に強い可能性があることを見いだした。従来の金銀島探索に代わる新たな目標が設定されたのである。北方海域の調査のために再度の艦隊の派遣が必要なことは、明らかだった。金銀島の幻は融解して日本列島の東の海域に沈み、蝦夷地の金銀探しと韃靼《だったん》海の探検に焦点が絞られたのである。フリースの航海でワクワク伝説以来の「黄金の島」伝説は姿を消したが、蝦夷地と韃靼海域が、可能性に富むとの確信が生れた。しかし、明《みん》の崩壊という激震が、オランダ船の再度の探検を阻んでしまったのである。

ちなみに明の滅亡の情報が『長崎オランダ商館日記』に記載されるのは意外に遅い。中国の交易船がもたらす情報を通じて、中国社会の変動が手探り状態で明らかになったのである。『長崎オランダ商館日記』を読むと、当時の情報の伝わり方が分かって面白い。

『長崎オランダ商館日記』の一六四五（正保《しょうほう》二）年七月二十五日の条には、「支那《しな》ではタルタル人が日々広い重要な土地を征服し、北京のマンダリン（官僚）は投降、兵士全部の引渡しを行ったが、タルタル人は去る六月二十三日八〇万の軍を率いて南京《ナンキン》及び付近の地を占領、更に南方六日程の地まで侵入し、同国最大の河（長江《ちょうこう》を指す）を渡ったので、全土は蹂躙《じゅうりん》され荒廃するであろう、と支那人が奉行に報告したことを聞いた」とある。それが、明の滅亡と女真《じょしん》人の中国侵入に関する最初の記事である。

断片的な情報

一六四五年八月十三日の条は、福建《ふっけん》の福州港から来たジャンクの情報をもとにして、「タルタル人の支那進出の報は真実で、福州付近は戦争準備を整え、タルタル人に抵抗しようとしている」と記し、八月十六日の記録には、南京に向かう予定だった福州、漳《しょう》州、安海などからの一〇隻のジャンクが長崎港に入港し、戦乱のために南京行きを改めて急遽長崎に変更したと述べた旨が記されている。

一六四六年六月十七日の条では、「支那からは、タルタル人が南京を支配の下に置いた後、頭髪を剃り、とさかのような毛髪のみを残した支那人の乗ったジャンクが入港するようになったが、彼らは人に見られることを恥じて頭巾を被っている」と、中国人が征服者から弁髪《べんぱつ》を強要されたことに言及している。

しかし、新たに中国の支配者となった女真人に関する情報は、日本でもオランダでも非常に乏しかった。彼らはタルタル人が何者なのかよく分からなかったのである。『長崎オランダ商館日記』一六四六年七月二十七日の記録には、「昨夜江戸から急使が着いて、最近南京から来たジャンク二隻には取引を許さず帰国させるよう奉行宛の命令が伝えられた由。南京はタルタル人の治下にあり、日本はタルタル人と通商したことなく、彼らがキリスト教徒であるか否かもあきらかでないためということである」とある。タルタル人、つまり清《しん》を建国した女真人がキリスト教徒であるか否かも分からなかったのである。九月十日の条には、「先頃貿易を禁じられたタルタル風に剃髪した南京人は、今回だけ貨物の販売を許され、再び渡来することを禁ぜられた」とある。

十一月十日の条は、福建の福州から砂糖を積んで来たジャンクの情報として、「一官《いっかん》（鄭成功《ていせいこう》を指す）は福州から三、四人の使者をタルタル人の許《もと》に遣わして協定を求めたが、タルタル人は一官が降伏して頭を剃ったら、広東《カントン》、福州、泉州《せんしゅう》三省のマンダリンにすると答え、彼が承知しなかったので、タルタル軍は突然福州に侵入し、一官は国王と共に泉州に逃げたという」とある。ここにある一官は、平戸《ひらど》に住みついた（後に長崎に移住）密貿易商人鄭芝龍《ていしりゅう》と日本人妻の田川氏の間に生まれた鄭成功（日本では「国姓爺《こくせんや》」と言い習わされている）を指す。

このように『長崎オランダ商館日記』には、刻々と変化する中国沿海部の状況の断片が記されており、オランダ人の中国情勢の把握が断片的であり、かなりの混乱も生じていたことが理解できる。

探索どころではなかったオランダ

風雲急を告げる状況下でも、総督ディーメンは再度艦隊を北方海域に派遣し蝦夷地と韃靼海《だったんかい》、カタイヤに至るルートを詳細に探索させようと考えていた。しかし、一六四五年八月に総督ディーメンが急死し、さらに中国の王朝交替が東アジア海域世界の大変動に連動することが明らかになると、探検計画は急遽打ち切られざるを得なくなった。オランダ東インド会社にとって、韃靼海の探検どころではなくなってしまったのである。

一六六一年、一六五八年に南京攻撃に失敗した鄭成功が二万五〇〇〇人の兵を率いてオランダの東アジアの拠点、台湾のゼーランディア城を攻め、長官フレデリック・コイエットが率いる軍を破った。オランダの東アジアにおける一大拠点が失われてしまったのである。北の蝦夷地でも一六六九年のシャクシャインの蜂起を契機に、蝦夷地の砂金掘りも中止されることになった。

台湾を拠点にして反清活動を行う鄭氏集団を倒すには、中国本土沿海部と台湾の交易を断たなければならないと判断した清が一六六一年から一六八四年にかけて遷界令を出し、沿岸五省の住民を内陸に移住させたことで中国沿海地域の交易は困難になり、オランダ東インド会社は大打撃を受けた。

中国沿海の混乱が続く中で長崎に入港したオランダ船の数は、一六四一（寛永《かんえい》十八）年から一六七一（寛文《かんぶん》十一）年までの間に二一七隻（年平均七隻）を数えた。日本市場こそがオランダ東インド会社の「希望の星」になったのである。

歪められた北方海域の認識

海霧が歪めた地理認識

フリース隊の探検の成果を下敷にして作成された「エゾ地と北方海域の地図」は、その後一八世紀の末までの約一四〇年間、ヨーロッパ人により作られたアジア北東海域の唯一の実測地図として大きな信頼を得ることになった。しかし、北の海域固有の夏の濃霧が、オランダ人の地理的判断を誤らせていた。

フリースの地図では、北海道については襟裳《えりも》岬から緩やかに弧を描く道東の海岸線が比較的きちんと描かれているものの、珸瑤瑁《ごようまい》海峡や根室《ねむろ》海峡は描かれておらず国後《くなしり》島が北海道の一部とされ、細長いエトロフ島が韃靼《だったん》海を遮《さえぎ》るように海峡部に東西に伸びており、「ステート・ラント」という名が与えられている。その東には韃靼海に入るフリース海峡

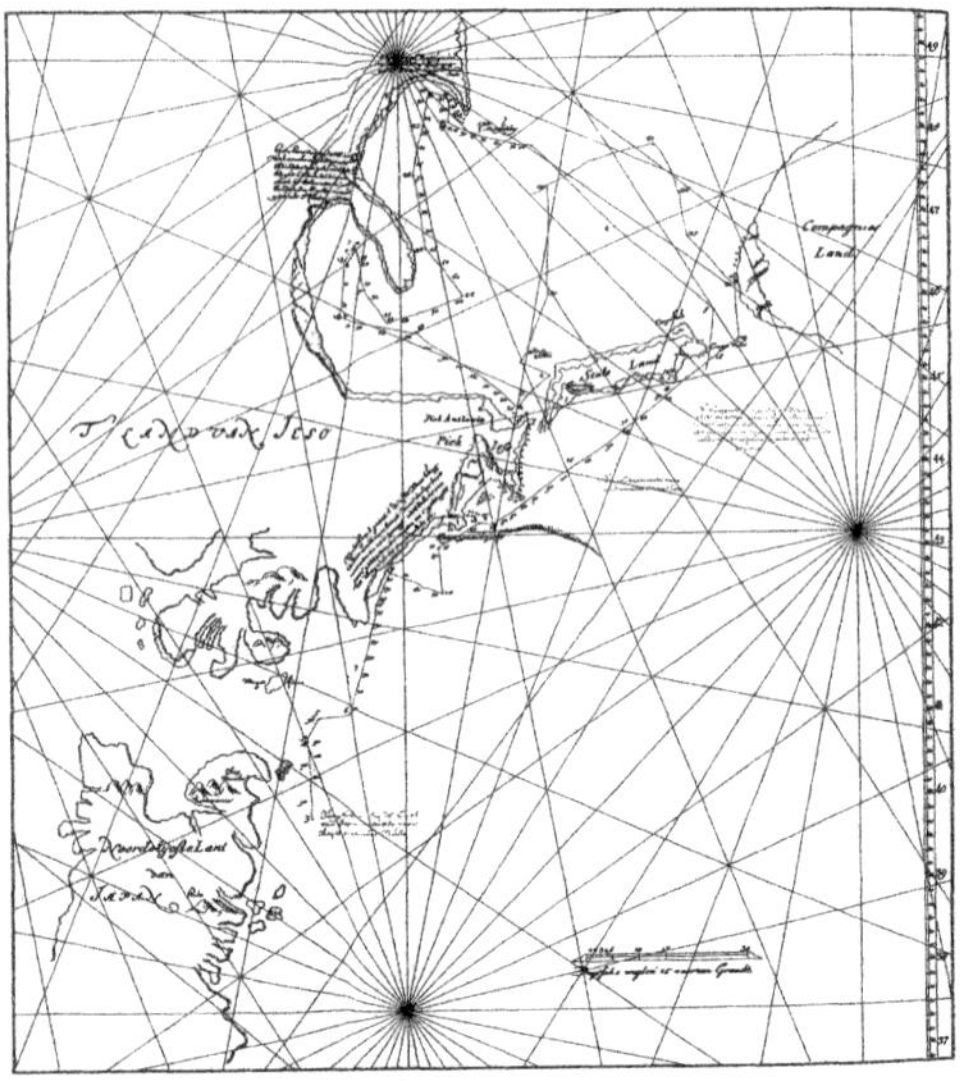

図36　フリース蝦夷地方図　1643年

（エトロフ島とウルップ島の間の海峡）が描かれ、ウルップ島がコンパニース・ラントという大陸の一部分として位置づけられていた。要するに断片的で、極めて不正確な地図だったのである。それもこれも海霧のせいである。

フリースの地図では、韃靼海が宗《そう》谷《や》海峡が濃霧で発見できなかったこともあって、タルタリアとエトロフ島の間の極めて狭い海域として描かれていた。サハリンは北海道北部と直接つながり、アニア湾、タライカ湾はともに北海道の沿海の延長線に描かれている。北海道は島ではなく、あたかもアジア大陸の一部のように縦長に描かれていてエゾが島なのか、大陸の一部なのかが不鮮明になっている。フリース隊が調査しなかった道南や津軽の部分は比較的実際の海岸線と合致しているが、その部分については厚岸《あつけし》で松前《まつまえ》藩船の船頭が描いた略図を借用《しゃくよう》したのかもしれない。

フリースの調査を取り入れた地図を最初に公刊したのがオランダの地図制作者ヨアンネス・ヤンソニウスの「日本・エゾ新図」で、一六五〇年に刊行された。この地図では東北地方の北部と道南が描かれておらず津軽《つがる》海峡が著しく広く描かれ、日本海も奥行きの広い海になっている。

同じく一六五〇年頃に東インド会社から依頼されてイサック・デ・クラークが手書きで描いた地図では、エゾの裏側の不明瞭な部分を緩やかな曲線で結んでエゾ島として描かれている。

地図に入り込んだ想像

探検隊が派遣される際の訓令に示されていたカタイとアジアの大交易都市カンバリク（大都）に関しては、フリース艦隊の探検ではその糸口さえも得られなかった。そうした点からみれば、探検は成果の乏しいものだったことになる。総督ディーメンが再度の探検を企図したのは、当然のことであった。しかし、歴史には偶然という不確定要素がつきまとうものである。ディーメンの突然の死と明帝国の崩壊に伴う東アジア海域世界の大混乱により、再度の金銀島探検はついに実現しなかった。

図37　ウィツェンの「新タターリア新地図」
1692年部分拡大

フリース隊の未完の実測地図はイメージで補うしかなく、やがてエゾをアジア大陸の一部分に組み込む地図も出現する。例えば、一六九二年頃にウィツェンが作製した「新タターリア新地図」ではエゾ地が東タルタリアから伸びる巨大な半島の東岸になり、その地域にはトカプチ（十勝《とかち》）、シラルカ（白糠《しらぬか》）、アツキス（厚岸）などの道東の地名、サルム湾

（アニワ湾）、忍耐岬（北知床《しれとこ》岬）などサハリン東部の地名が記されている。その東には巨大なタルタリア湾の入り口を閉ざすようにスターテンラント、さらにはテラ・デラ・コンパニーが描かれ、その南岸にはデ・ガマが発見した沿岸と注記されている。

スペイン、オランダなどの新興勢力は、金銀島の探索をテコに日本列島周辺の地理的認識を拡げていった。金銀島が実在するという確信はコロンブスの時代と比べて明らかに低下しており、「思い込み」だけで探検を行う時代はすでに終わっていた。しかし、スペインはガレオン貿易の中継港、飲料水・食料の補給港の探索と抱き合わせで日本列島の東方海域の金銀島の探索を行い、オランダは新興勢力であるタルタリアとの交易路を開発するための韃靼海の探検、新たな産金地としての豊かな可能性に富む蝦夷地の探索と抱き合わせで、金銀島の探索を実行した。

コロンブスのジパングに対する強い思い込みと熱い想念と比較してみるならば明らかに温度差があるが、スペイン、オランダはともに黄金島ジパングに対する未練を捨て切れず、日本近海の海域探検を推し進めるテコとして利用したことは明らかである。

歴史では多様な条件の組み合わせ次第で、急に時代の枠組みが変わるものである。東アジア世界の諸条件の組み合わせも、一六四四年の明《みん》の滅亡という大事件を契機に大きく変化することになったのである。蝦夷地《えぞち》や韃靼海を視野に入れた大交易圏の形成を目指したオランダ東インド会社の目論《もくろ》みではあったが、明の滅亡と清《しん》の成立、鄭《てい》氏集団による台湾《たいわん》の占領、清と鄭氏集団の長期に及ぶ戦争でオランダの権益が脅かされると、それどころではなくなってしまったのである。そして、「金銀島」探索は打ち切られた。蝦夷島の金ブームも、あたかもそれと呼応するかのように一六六九年に終焉した。

海霧に消えた黄金島——エピローグ

イスラーム商人により生み出された黄金島ワクワク（倭国《わこく》）伝説と元代に蘇《よみがえ》ったジパング（日本）伝説は、八世紀以降日本と中国を繋ぐ紐帯《ちゅうたい》の役割を果たしてきた黄金の存在が生み出した伝説だった。しかし、ポルトガル人が東アジア海域にたどり着いた時にすでに奥州《おうしゅう》の金は枯渇していた。日本は世界有数の銀産国に姿を変えており、銀を紐帯として新たに西欧諸国と結び付いたのである。いずれにしても金と銀が日本列島と世界を結び付けたことは間違いない。

それにしてもマルコ・ポーロが西欧に伝えた黄金島のイメージは、鮮烈だった。ジパング伝説が説得力を失った後に登場する太平洋中の金銀島伝説は、ジパングのイメージがあまりにも鮮烈だったことを示している。一七世紀初頭から中頃にかけてスペイン、次いでオランダが金銀島の探索を行ったが、残像は所詮《しょせん》残像に過ぎず、金銀島の発見はなされなかった。しかし、オランダのフリース艦隊は、黄金と銀の匂い、タルタリア（韃靼《だったん》）との交易路を求めて、松前《まつまえ》藩の下で砂金掘りのゴールドラッシュに沸いていた蝦夷《えぞ》地《ち》の東海岸、韃靼海（オホーツク海）の探索を行った。濃い海霧に妨げられたものの、海の歴史の新たな一ページを開く探検だった。フリースの航海についてはすでに根室《ねむろ》在住の北構保男氏により詳しい紹介がなされているが、ジパング伝説の残像ともいえる金銀島、新たな金銀産出の可能性がある蝦夷地周辺海域、オホーツク海の航海を世界史、日本史の大きな流れの中に位置付けることが必要であると考えた。

明《みん》の倒壊という東アジア世界の激変もあって、オランダによる北太平洋、オホーツク海の探索の続行は継続の意志にもかかわらず打ち切られ、ジパング伝説と金銀島伝説は、北の海霧に姿を没することになった。従来の近世日本の対外関係は、東シナ海を媒体として考えられており、一方向に偏りがちであったが、日本列島近海に航路を拓いたスペイン、浦川《うらかわ》の開港を目指した家康、ヌエバ・エスパーニャ（メキシコ）との交易を望んだ伊達政《だてまさ》宗《むね》、日本列島にマニラ・ガレオン貿易の中継港を求めたスペイン、イエズス会とフランシスコ会の対立、蝦夷地のゴールドラッシュとイエズス会宣教師アンジェリスの蝦夷地・北方海域情報、太平洋上に浮かぶと伝えられていた金銀島、オランダ東インド会社の韃靼海の探検などに着目すると、近世におけるスペイン、オランダと日本との関係を新たな視角でとらえることが可能になる。視点をスペイン、オランダ、太平洋に転ずれば、近世日本の対外関係が新たな視角の下で浮かび上がってくるのである。本書は、近世外交史の一側面を描き出すことも目的としている。

ところで、フリース艦隊が金銀を求めて沿岸を航行した東蝦夷地は、実は黄金の宝庫だった。一八九八（明治三十一）年にオホーツク海に面した枝幸《えさし》地方の幌別《ほろべつ》川とその支流で優れた砂金田が発見されて砂金ブームとなり、一九〇二年までに一八七五キロの砂金が掘り出され、一時は三〇〇〇人から四〇〇〇人が砂金掘りに押しかけた。九年間に約七五万キロの金が産出されたカリフォルニアのゴールドラッシュ、六年間に五〇万キロの金を産出したオーストラリアのゴールドラッシュとは桁が違うが、奥州《おうしゅう》藤原三代の時期に産出された金が一〇トン程度、年に直すと約一〇〇キロ程度であったというから、歴史的に見ればかなりの産金量であった。

その後、一九一六（大正五）年になるとオホーツク海に面した紋別《もんべつ》で元山の金の大露頭が発見されて一九一八年に鴻之舞《こうのまい》金山が操業を開始し、一九四一（昭和十六）年には二七〇一・七キロを産出した。この年の日本の産金量は二万九八四キロであり、そのうち二八・九％が北海道の金だったが、「東洋一の金山」と称された鴻之舞金山が北海道の金の約三分の一を占めたのである。

オランダが蝦夷地と韃靼海の探索を続行し、本格的に蝦夷地で金の採掘が始められていれば、蝦夷地は第二の黄金島になりえたかもしれない。しかし、明清《みんしん》交替期に遭遇することでオランダのオホーツク海探索は頓挫《とんざ》した。もし探索が続けられて、偶然にオホーツク岸の枝幸や紋別でオランダにより黄金が発見されていれば、北海道の歴史は方向を大きく転じていたことであろう。しかし北海道にとってはやはり、これがよかったのだろうなどと海霧の中で夢想に耽《ふけ》ったりする。それは十年あまり北海道で生活してみて、大自然の価値を実感できるようになったからかもしれない。多くの生命を育むオホーツク海、北太平洋の自然は、黄金では購えない貴重な財産なのである。

あとがき

厚岸《あっけし》は、道東の美しい港町である。はるかに太平洋と大黒《だいこく》島などを望む愛冠《アイカップ》岬という眺望のよい岬があるが、そこからの長い下り坂から見下ろす厚岸の町はのどかであり、心の奥に残されたセピア色の町のような懐かしさを感じさせる。

一七世紀にフリースに率いられたオランダ船カストリカム号は、海霧に覆われたオホーツク海（韃靼《だったん》海）の航海をうち切った後、偶然に厚岸に立ち寄ってアイヌの集落を見つけ、心温まる交流を行った。アイヌは、現在でも厚岸の名産である大きな牡蠣《かき》、道東の海岸線を彩るバラ科の花ハマナスの実でフリースの一行をもてなしたという。厚岸の海を見ていると、カストリカム号の風をはらんだ帆が突然に水平線から姿を現すような錯覚にとらわれたりする。

美しい山と海、豊かな自然に恵まれた日本は、前近代においては鉱産資源で世界と結び付いていた。金と銀である。陸奥《むつ》で発見された砂金が、体系的に唐の文明を日本に移植するための遣唐使《けんとうし》一行の経費を賄《まかな》い、日宋《にっそう》貿易・日元《にちげん》貿易の資金になった。ユーラシアに大商業圏を築き上げたイスラーム商人は、唐《とう》で豊富に金を産出する倭国《わこく》（ワクワク）の噂を伝聞してワクワク伝説を生み出し、モンゴル人がうち立てた元帝国を「色目人《しきもくじん》」として支えた時に、黄金島ジパング（日本）伝説を再編した。陸奥の黄金が、日本と世界を結び付けたのである。そのように考えると、陸奥は日本の歴史に大きな貢献をしたことになる。

ユーラシアの東のはずれに黄金島があるという噂はマルコ・ポーロによってヨーロッパに伝えられ、コロンブスの航海など世界史に大きな影響を与えた。しかし、ヨーロッパと直接の接触を持つようになった時期の日本は、金が枯渇《こかつ》する一方で世界的な銀産国になっていて、明《みん》から大量の金を購入していた。黄金島ジパングは、存在しなかったのである。そこから、黄金幻想が新しい装いのもとに一人歩きを始める。

ジパング伝説に未練を持ったのは、東アジアの情報を十分には持たないスペインの宮廷であり、オランダ東インド会社の幹部だった。彼らは、ポルトガルの船乗りが日本近海で「金銀島」に漂着したという噂をもとに、一七世紀に相次いで日本近海の「金銀島」探索を組織する。しかし、その計画は極めて現実的であり、スペインは太平洋を横断するマニラ・ガレオン貿易とからめて「金銀島」の探索を行い、オランダは蝦夷地《えぞち》の砂金ラッシュ、中国東北部における女真《じょしん》人の台頭にともなうビジネスチャンスの拡大と「金銀島」探索を結び付けた。

日本史の概説では、そうした二つの探検事業にはあまり関心が払われていない。ポルトガル人、スペイン人、オランダ人の対日貿易をめぐる駆け引き、黒潮に乗って日本近海を航海するマニラ・ガレオン貿易のインパクト、徳川家康の浦川《うらかわ》（浦賀）開港計画、イエズス会とフランシスコ会の確執、慶長遣欧《けいちょうけんおう》使節の派遣なども断片的に扱われている。

そこで、日本列島の東の太平洋中に存在するとされた「金銀島」の噂とその探検事業を軸に、徳川家康、伊達政宗《だてまさむね》の交易政策、蝦夷地の砂金ラッシュを結び付けて、一六世紀末から一七世紀初頭の歴史を描いてみることにした。マニラに長期間滞在したコロネルがマドリードの宮廷でふりまいた「金銀島」の幻想は、現実的なマニラ・ガレオン貿易の利益と結び付いて、日本列島沿岸の測量、スペインの日本における新たな交易、布教拠点の建設、日本とヌエバ・エスパーニャの交易というようにワープしていき、それを引き継いだオランダ東インド会社は、蝦夷地沿岸における金銀の探索、韃靼海（オホーツク海）の探検に向かっていった。実際にフリースが率いるカストリカム号は、韃靼海を航行し、サハリンにまで至っている。「金銀島」の幻想は、蝦夷地沿岸の探検、韃靼海での航路の開発にたどり着いたのである。

しかし、その進展を妨げたのが北太平洋、オホーツク海の深い霧であり、明から清《しん》への王朝交替という東アジア世界の激震だった。オランダ東インド会社は、日本との貿易だけで精一杯というような状況に陥り、北方海域への進出は棚上げされるのである。

世はまさに、地球化時代にむけての激変期。多角的、多面的に変わり身の早い世界を観察し、瞬時、瞬時の的確な判断が必要になる。歴史にも、新しい側面が求められている。豊かな社会認識を培うには、視点の固定化を避けて多様な切り口で歴史事象を理解、評価する試みが有用である。覚え込む歴史ではなく、判読し判断する歴史である。

私はかつて『ジパング伝説』という著作で、世界史の視点から海の歴史との関連でジパング伝説を取り上げたことがある。本書では視点を変えて、日本の歴史を軸にしてジパング伝説の残像ともいうべき「金銀島」伝説と「金銀島」の探検の顛末を中心に据えてみた。切り口を替えれば、同じ歴史事象が異なる結び付き、異なる相貌を見せることが描けていれば幸いである。

巨視的に歴史事象をとらえるには、先学の研究業績に依存し総合するしかなく、本書も参考文献をはじめ、多くの先行研究を参照させていただいた。特に文献資料に関しては、多くの引用があり、記して感謝の意を表したい。

私にとって本書は、非常に親近感を持っている北海道、道東、オホーツク海域からの世界史、日本史である。人生の巡り合わせに、感慨深いものを感じる。

宮崎正勝

二〇〇六年十一月

参考文献

秋月俊幸『日本北辺の探検と地図の歴史』北海道大学図書刊行会、一九九九年

浅田政広『北海道金鉱山史研究』北海道大学図書刊行会、一九九九年

入間宣夫『都市平泉の遺産』山川出版社、二〇〇三年

海野一隆『地図に見る日本　倭国・ジパング・大日本』大修館書店、一九九九年

「えぞキリシタン」発起人会『えぞキリシタン』サンケイ出版、一九八〇年

榎本守恵『北海道の歴史』北海道新聞社、一九八一年

大泉光一『支倉常長』中公新書、一九九九年

大泉光一『メキシコ大地に消えた侍たち』新人物往来社、二〇〇四年

岡田章雄『日欧交渉と南蛮貿易』思文閣出版、一九八三年

岡田章雄『三浦按針』(岡田章雄著作集)思文閣出版、一九八四年

岡本良知『改訂増補　十六世紀日欧交通史の研究』六甲書房、一九四二年

織田武雄『古地図の博物誌』古今書院、一九九八年

加藤公人『北海道砂金掘り』北海道新聞社、一九八〇年

加藤　繁『唐宋時代に於ける金銀の研究』(『東洋文庫論叢』第六)一九二五年

金井　圓『日蘭交渉史の研究』思文閣出版、一九八六年

北構保男『一六四三年アイヌ社会探訪記―フリース船隊航海記録―』雄山閣、一九八三年
木宮泰彦『日華文化交流史』冨山房、一九五五年
木村正弘『鎖国とシルバーロード』サイマル出版社、一九八九年
ガスパール・ダ・クルス、日埜博司訳『一六世紀華南事物誌』明石書店、一九八七年
五野井隆史『大航海時代と日本』渡辺出版、二〇〇三年
小葉田淳『日本貨幣流通史』刀江書院、一九三〇年
小葉田淳『日本と金銀島』創元社一九四三年
小葉田淳「陸奥の黄金」『日本古代史論叢』吉川弘文館、一九六〇年
小葉田淳『金銀貿易史の研究』法政大学出版局、一九七六年
小林清治『伊達政宗』吉川弘文館、一九八五年
札幌中央放送局編『北海道文化史考』日本放送出版協会、一九四二年
清水紘一『キリシタン禁制史』ニュートンプレス、一九八一年
杉山正明『クビライの挑戦』朝日選書、一九九五年
コルネリス・スハーブ、永積洋子訳『南部漂着記』キリシタン文化研究会、一九七四年
高瀬弘一郎『キリシタン時代の研究』岩波書店、一九七七年
高橋富雄『平泉　奥州藤原四代』（歴史新書）教育社、一九七八年
高橋富雄『奥州藤原氏　その光と影』吉川弘文館、一九九三年
田中英道『支倉六右衛門と西欧使節』丸善ライブラリー、一九九四年

H・チースリク編『北方探検記―元和年間に於ける外国人の蝦夷報告書―』吉川弘文館、一九六二年
外山卯三郎『日葡貿易小史』若い人社、一九四二年
外山卯三郎『南蛮船貿易史』東光出版社、一九四三年
長崎県教育委員会『長崎県史　対外交渉編』吉川弘文館、一九八六年
永田富智『えぞキリシタン』講談社、一九七二年
永積洋子『平戸オランダ商館の日記』第一輯～第四輯、岩波書店、一九六九～七〇年
浪川健治『アイヌ民族の軌跡』山川出版社、二〇〇四年
奈良静馬『西班牙文書を通じて見たる日本と比律賓』大日本雄弁会講談社一九四二年
パステル、松田毅一訳『一六―一七世紀日本・スペイン交渉史』大修館書店、一九九四年
原田信男訳『小シーボルト蝦夷見聞記』（東洋文庫）平凡社、一九九六年
ファン・ヒル、平山篤子訳『イダルゴとサムライ』法政大学出版局、二〇〇〇年
メンデス・ピント、岡村多希子訳『東洋遍歴記一』（東洋文庫）平凡社、一九七九年
ロレンソ・ペレス、野間一正訳『ベアルト・ルイス・ソテーロ伝』東海大学出版会、一九六八年
保立道久『黄金国家　東アジアと平安日本』青木書店、二〇〇四年
マルコ・ポーロ、愛宕松男訳注『東方見聞録一・二』（東洋文庫）平凡社、一九七〇・一九七一年
増田義郎『黄金の世界史』小学館、一九九七年
松田毅一『慶長遣欧使節』朝文社、一九九二年
宮崎市定『五代宋初の通貨問題』（宮崎市定著作集九）岩波書店、一九九二年

宮崎正勝『イスラム・ネットワーク』（学術選書）講談社、一九九四年
宮崎正勝『ジパング伝説』中公新書、二〇〇〇年
村井章介『海から見た戦国日本―列島史から世界史へ』ちくま新書、一九九七年
村上直次郎『日本と比律賓』朝日選書、一九四五年
村上直次郎『長崎オランダ商館の日記』第一輯～第三輯、岩波書店、一九五六年～五八年
村上直次郎『バタヴィア城日誌』一～三（東洋文庫）平凡社、一九七〇～七五年
J・H・メンドーサ、長南実・矢沢利彦訳『シナ大王国誌』（大航海時代叢書）岩波書店、一九七三年
森　克巳『日宋貿易の研究』国立書院、一九四八年
モルガ、神吉敬三・箭内健次訳『フィリピン諸島誌』（大航海時代叢書）岩波書店、一九六六年
弥長芳子『えぞ地の砂金』北海道出版企画センター、一九八一年
山室恭子『黄金太閤』中公新書、一九九二年

著者紹介

一九四二年、東京都に生まれる
一九六六年、東京教育大学文学部史学科卒業
現在、北海道教育大学教育学部教授

主要著書
イスラム・ネットワーク　鄭和の南海大遠征　世界史の海へ　早わかり世界史　ジパング伝説　世界史を動かした「モノ」事典〈編著〉　モノの世界史　文明ネットワークの世界史　地図と地名で読む世界史　グローバル時代の世界史の読み方　海からの世界史　知っておきたい「食」の世界史

歴史文化ライブラリー
226

黄金の島　ジパング伝説

二〇〇七年（平成十九）二月一日　第一刷発行

著　者　宮《みや》崎《ざき》正《まさ》勝《かつ》
発行者　前田求恭
発行所　株式会社 吉川弘文館
東京都文京区本郷七丁目二番八号
郵便番号一一三―〇〇三三
電話〇三―三八一三―九一五一〈代表〉
振替口座〇〇一〇〇―五―二四四
http://www.yoshikawa-k.co.jp/
印刷＝株式会社 平文社
製本＝ナショナル製本協同組合
装幀＝マルプデザイン

歴史文化ライブラリー

1996.10

刊行のことば

現今の日本および国際社会は、さまざまな面で大変動の時代を迎えておりますが、近づきつつある二十一世紀は人類史の到達点として、物質的な繁栄のみならず文化や自然・社会環境を謳歌できる平和な社会でなければなりません。しかしながら高度成長・技術革新にともなう急激な変貌は「自己本位な刹那主義」の風潮を生みだし、先人が築いてきた歴史や文化に学ぶ余裕もなく、いまだ明るい人類の将来が展望できていないようにも見えます。このような状況を踏まえ、よりよい二十一世紀社会を築くために、人類誕生から現在に至る「人類の遺産・教訓」としてのあらゆる分野の歴史と文化を「歴史文化ライブラリー」として刊行することといたしました。

小社は、安政四年（一八五七）の創業以来、一貫して歴史学を中心とした専門出版社として書籍を刊行しつづけてまいりました。その経験を生かし、学問成果にもとづいた本叢書を刊行し社会的要請に応えて行きたいと考えております。

現代は、マスメディアが発達した高度情報化社会といわれますが、私どもはあくまでも活字を主体とした出版こそ、ものの本質を考える基礎と信じ、本叢書をとおして社会に訴えてまいりたいと思います。これから生まれでる一冊一冊が、それぞれの読者を知的冒険の旅へと誘い、希望に満ちた人類の未来を構築する糧となれば幸いです。

吉川弘文館

〈オンデマンド版〉
黄金の島 ジパング伝説

歴史文化ライブラリー
226

2019年（令和元）9月1日　発行

著　者　宮《みや》崎《ざき》正《まさ》勝《かつ》
発行者　吉川道郘
発行所　株式会社　吉川弘文館
〒113-0033　東京都文京区本郷7丁目2番8号
TEL　03-3813-9151〈代表〉
URL　http://www.yoshikawa-k.co.jp/

印刷・製本　大日本印刷株式会社
装　幀　清水良洋・宮崎萌美

宮崎正勝（1942～）

ISBN978-4-642-75626-6